Más allá del Pitch

La conexión emocional que impulsa tus ventas

Bernat Riera

Derechos de autor © [2024] by Bernat Riera
Todos los derechos reservados.

Ninguna parte de este libro puede ser reproducida o transmitida de ninguna forma ni por ningún medio, ya sea electrónico o mecánico, incluyendo fotocopias, grabaciones, o cualquier sistema de almacenamiento y recuperación de información, sin el permiso por escrito del editor, excepto en el caso de citas breves en una reseña de libro o en una revista académica.

Portada: The author
Publicado por : Sales Hub
Imprimido en Canada

Para información acerca de los derechos de autoría, contactar el autor o sus representantes.

Aviso:
La información contenida en este libro es solo para fines informativos generales. El autor no hace declaraciones ni garantías de ningún tipo sobre la integridad, exactitud, fiabilidad, idoneidad o disponibilidad de la información, productos, servicios o gráficos relacionados contenidos en este libro para ningún propósito. Cualquier confianza que deposite en dicha información es, por lo tanto, estrictamente bajo su propio riesgo.

«Una carrera exitosa como ejecutivo de ventas no se basa en los productos que vendes, sino en las emociones que inspiras y el valor que generas. Cuando conectas con las necesidades y expectativas de tus clientes, las ventas se convierten en algo más que transacciones; se convierten en relaciones.»

Bernat Riera

Acerca del autor

Bernat Riera cuenta con más de 35 años de experiencia en ventas en diversas industrias, incluyendo los sectores de servicios, industrial, consultoría, farmacéutico y comercio electrónico, habiendo desempeñado roles en varios departamentos de ventas.

Bernat posee una maestría en negocios internacionales MBI por la Universidad Ramon Llull de Barcelona, Cataluña, España y un certificado de la Universidad de Fudan en Shanghái, China. Formado en Comunicación No Violenta (CNV), ha dedicado su carrera a comprender el poder de las conexiones humanas.

Además de su amplia experiencia, Bernat comparte sus conocimientos a través del blog « Innovative Selling Strategies," disponible en LinkedIn. Este blog refleja su profunda pasión por compartir sus observaciones y ayudar a otros a destacar en ventas.

La visión general

¡Bienvenido al mundo de las ventas, donde cada interacción es una oportunidad y cada conversación tiene potencial! Si estás entrando en este campo dinámico o bien quieres mejorar tus habilidades acumuladas en ventas, te puedo asegurar que estas en frente del libro que necesitas.

El ecosistema de ventas ofrece un paisaje vibrante lleno de desafíos y recompensas, pero hay un elemento que destaca: la interacción de las emociones, las tuyas, las de tu equipo y las de tus clientes. En el competitivo mercado actual, vender con éxito no se trata solo de características técnicas y precios; se trata de conexiones. Se trata de entender que detrás de cada compra hay una persona con sentimientos, deseos y motivaciones.

Este libro te guiará a través de las sutilezas emocionales que pueden transformar tu enfoque de ventas, ayudándote a construir relaciones auténticas con clientes y consumidores.

Puedes estar preguntándote: "¿Por qué las emociones?" En pocas palabras, las emociones impulsan decisiones.

Las investigaciones muestran que las personas son más propensas a comprar cuando se sienten comprendidas y valoradas. Al reconocer y navegar por estas corrientes emocionales, puedes diferenciarte de la competencia y crear impresiones duraderas.

A lo largo de este libro, exploraremos estrategias prácticas para mejorar tu inteligencia emocional, construir empatía y desarrollar resiliencia ante el rechazo. Descubrirás cómo contar historias puede cautivar a tu audiencia y cómo la empatía puede convertir un contacto frío en un cliente leal. También dedicaremos tiempo al análisis de como utilizar la inteligencia artificial conjuntamente con tus emociones para propulsar tu carrera.

A medida que inicias esta emocionante carrera, recuerda que las ventas no se tratan solo de transacciones, sino de las conexiones humanas que forjamos.

Sumérgete en el paisaje emocional de las ventas y descubre las habilidades que te empoderarán para prosperar en esta profesión en constante evolución.

¡Tu viaje comienza aquí!

Indice

Acerca del autor	4
La visión general	5
Indice	7
La inteligencia emocional en ventas (IE)	8
Establece un clima de confianza	16
El ciclo emocional	26
Manejando el rechazo con resiliencia	36
El poder del Storytelling	48
Prepara un entorno positivo	66
Venta ética o manipulación emocional	86
Emociones en la era de la IA	102
La última palabra	122

La inteligencia emocional en ventas (IE)

Conocer tu producto y dominar las técnicas de ventas solo te llevará hasta cierto punto en el competitivo mundo de las ventas. Lo que realmente diferencia a los mejores vendedores es su capacidad para conectar con las personas a un nivel más profundo. Aquí es donde entra en juego la Inteligencia Emocional, o IE.

La IE se trata de entender y gestionar tus emociones y las de los demás, lo que puede impactar significativamente en los resultados de ventas. La Inteligencia Emocional involucra cinco áreas clave: autoconciencia, autorregulación, motivación, empatía y habilidades sociales. A continuación vamos a explorar estas áreas:

La autoconciencia es el punto de partida. Se trata de conocer tus desencadenantes emocionales, reconocer cómo te perciben los demás y ser consciente de tus fortalezas y debilidades. Cuando eres consciente de tus emociones, puedes controlar mejor tus reacciones, lo que te hace más auténtico y seguro frente a los clientes.

La autorregulación es crucial al enfrentar los altibajos de las ventas. Ya sea mantener la calma bajo presión o adaptarte cuando las cosas no salen como se planeaban, gestionar tus emociones te ayuda a mantener el control y evitar decisiones impulsivas que podrían dañar tu relación con los clientes.

La motivación juega un papel vital en la vida diaria de un profesional de ventas. Te mantiene impulsado incluso después de un día difícil lleno de rechazos. Pero la disciplina es igualmente necesaria en ventas, especialmente cuando la motivación disminuye. La disciplina te ayuda a mantenerte constante y enfocado, incluso en tareas repetitivas como actualizar el CRM con datos. Las ventas pueden ser desafiantes, pero equilibrar la disciplina con una mentalidad positiva y un impulso interno puede marcar la diferencia para seguir adelante y alcanzar el éxito.

La empatía podría ser la habilidad de IE más vital para el éxito en ventas. Se trata de escuchar y comprender las necesidades, puntos de dolor y emociones de tu cliente. Cuando muestras empatía genuina, construyes confianza, que es la base de cualquier relación de ventas exitosa.

Por último, *las habilidades sociales* completan el conjunto de herramientas de la IE. Comunicarte eficazmente, leer el ambiente y construir conexiones no solo te ayudan a cerrar tratos, sino que te permiten establecer asociaciones duraderas.

Al desarrollar estos cinco componentes de la IE, los profesionales de ventas pueden conectar de manera más auténtica con los clientes, navegar desafíos con resiliencia y, en última instancia, mejorar su rendimiento en ventas.

En las siguientes secciones, profundizaremos en cómo puedes aprovechar cada una de estas habilidades para elevar tu desempeño en ventas.

Entendiendo las emociones del comprador

Si has pasado tiempo en ventas, sabes que cerrar tratos no se trata solo de presentar hechos o resaltar características. En el corazón de cada decisión de compra está la emoción. Las emociones impulsan a los compradores más de lo que podríamos pensar, ya sea la emoción de tomar una decisión inteligente, el miedo a perder una oportunidad o la satisfacción de encontrar la solución perfecta.

Como profesional de ventas que disfruta de lo que hace, comprender y responder a estas emociones puede mejorar tu desempeño en ventas y profundizar tu conexión con los clientes.

Piensa en la última vez que hiciste una compra importante; tu decisión no fue puramente racional. Quizás sentiste urgencia, emoción, alivio o incluso ansiedad. Los compradores suelen justificar sus decisiones lógicamente, pero las emociones juegan un papel fundamental en cómo perciben el valor, confían en un vendedor o deciden cuándo comprometerse.

Considera provocar que los compradores se sientan comprendidos, valorados y apoyados. Esto aumentará su confianza en ti y en tu producto, además de alentarlos a invertir tiempo en el proceso de venta.

Por otro lado, si perciben desinterés o presión, esto puede provocar dudas o resistencia. Emociones como confianza, orgullo o curiosidad pueden inspirar una compra, mientras que la incertidumbre, el miedo o la frustración pueden frenarla. Los vendedores exitosos no solo reconocen estos sentimientos, sino que los anticipan y responden activamente a ellos.

Entonces, ¿cómo puedes aprovechar estas emociones de manera eficaz? Comienza escuchando y observando de verdad e intenta conectar con la conversación. Presta atención al tono de voz de tu cliente, su lenguaje corporal y sus palabras. ¿Suena emocionado, dudoso o escéptico? ¿Hace muchas preguntas o se mantiene en silencio? Todas estas señales pueden darte información valiosa sobre cómo se sienten.

Una vez que hayas identificado sus emociones, el siguiente paso es responder de manera adecuada siguiendo el proceso sugerido:

1. Construir confianza con empatía

Muestra a tus clientes que comprendes sus sentimientos y preocupaciones. Reconoce sus emociones, como la emoción, la incertidumbre o la preocupación. La confianza te ayuda a establecer una conexión y les hace sentir que son escuchados. Adoptar un enfoque de Comunicación No Violenta (CNV)* puede ser muy útil aquí, ya que te anima a escuchar sin juzgar, expresar empatía genuina y enfocarte en satisfacer tanto tus necesidades como las de tus clientes.

*El Dr. Marshall Rosenberg, psicólogo estadounidense, creó la Comunicación No Violenta (CNV) en los años 60. Rosenberg desarrolló la CNV como un marco de comunicación que fomenta la empatía, la compasión y la comprensión en las interacciones interpersonales. La idea central de la CNV es expresarse honestamente sin juzgar y escuchar empáticamente las necesidades y sentimientos de los demás. Su enfoque se ha aplicado en diversas áreas, incluida la resolución de conflictos, la educación, la terapia e incluso las ventas, para fomentar conexiones más profundas y resultados positivos.

2. Replantear emociones negativas

Cuando un cliente expresa ansiedad o duda, es esencial replantear la conversación para fomentar una experiencia más positiva para ambas partes. Por ejemplo, si un cliente está preocupado por los costos, redirige la discusión para enfatizar el valor y los beneficios a largo plazo del producto o servicio, en lugar de centrarte solo en el precio.

Al destacar cómo la inversión puede generar ahorros de costos, aumentar la eficiencia o brindar satisfacción a lo largo del tiempo, alivias las preocupaciones del cliente y lo ayudas a visualizar las posibles recompensas de su decisión.

3. Aprovechar las emociones positivas

Cuando los clientes muestran entusiasmo o confianza acerca de una posible compra, es importante reflejar esa energía y reforzar su entusiasmo. Al reflejar su positividad, creas un sentido de camaradería y validación, lo que puede mejorar su experiencia general. Esta conexión fomenta la confianza y anima a una mayor participación en la conversación.

4. Mantener la calma y la compostura

Mantener una actitud tranquila y compuesta durante las conversaciones de ventas es fundamental para fomentar una atmósfera positiva e infundir confianza en tus posibles clientes. Al liderar la discusión de manera positiva, estableces un tono constructivo que anima a la comunicación abierta, facilitando una colaboración genuina.

En resumen, para comprender las emociones de tus clientes se trata de crear conexiones genuinas y de ofrecer la solución adecuada a tu interlocutor. Cuando puedes identificar y responder a las emociones de manera efectiva, construyes confianza, aportas valor y ayudas a los clientes a sentirse seguros en su decisión de trabajar contigo.

Como alguien que disfruta del arte de las ventas y que acepta sus desafíos, no hay mejor recompensa que cerrar un trato sabiendo que has generado un verdadero impacto.

Establece un clima de confianza

Establecer una relación y confianza en las ventas es clave para formar relaciones duraderas con los clientes. Los clientes no solo compran productos o servicios; compran la confianza en ti y en tu capacidad para cumplir tus promesas. Como puedes comprender, tu eres parte de tu producto, de hecho, tu eres la parte mas importante.

La creación de conexiones genuinas está en el corazón de este proceso de construcción de confianza, y requiere dominar la empatía, utilizar una escucha activa profunda y comunicarte de manera auténtica. Piensa en la última vez que compraste algo importante. Ya sea un coche, un celular nueva o un proveedor de internet para tu hogar, es probable que hayas elegido trabajar con alguien con quien te sentías a gusto.

Esa sensación de conexión, comodidad y confianza proviene de la confianza. Cuando los clientes confían en ti, es más probable que compartan sus necesidades, inquietudes y aspiraciones reales, dándote la oportunidad de ofrecer soluciones significativas. Cuando la confianza falta, incluso los mejores productos pueden no cumplir con las expectativas.

Los éxitos repetidos crean técnicas, y algunas se encuentran en la página siguiente.

1. Empieza por la empatía.

La empatía consiste en comprender las emociones y perspectivas de tus clientes sin emitir juicios. No solo se trata de reconocer sus sentimientos, sino también de conectar con los componentes neuroemocionales de sus experiencias.

Puedes profundizar tu conexión con tu interlocutor al captar las respuestas neurológicas que evocan las emociones. Ponte en su lugar y reconoce sus sentimientos, desafíos y deseos. Este entendimiento puede activar las neuronas espejo tanto en ti como en tu cliente, facilitando una sensación de experiencia compartida y conexión.

Al expresar una preocupación genuina por sus necesidades, creas un espacio seguro donde los clientes se sienten cómodos abriéndose. Una manera simple de practicar la empatía es usar frases como: "Puedo ver por qué eso es importante para ti" o "Eso suena como un desafío que quieres superar." Estas frases validan sus emociones y desencadenan respuestas neuro emocionales positivas, reforzando el vínculo entre ambas partes.

Demostrar que te importa algo más que la venta hace que los clientes se sientan valorados, lo cual es esencial para construir confianza. La autenticidad suele estar basada en la seguridad emocional y la comprensión mutua, lo que puede mejorar su experiencia general y conducir a interacciones más fructíferas.

2. Utiliza la escucha activa

La escucha activa es más que simplemente oír lo que alguien dice; se trata de estar completamente presente y comprometido en la conversación.

En lugar de planear tu próximo movimiento o discurso, concéntrate completamente en la expresión del cliente. Asentir, mantener contacto visual y, ocasionalmente, resumir o reflejar lo que han dicho puede ayudarte a mostrar tu interés en la conversación.

Puedes practicar esto afirmando tu comprensión de las palabras del cliente usando la técnica de Neuro Emotional Persuading Questioning (NEPQ)* de Jeremy Miner.

Por ejemplo, si un cliente dice: "Estoy buscando una solución que sea confiable y asequible," podrías responder: "Entonces, la confiabilidad y la asequibilidad son importantes para ti. ¿Lo entendí correctamente?" Este enfoque muestra tu compromiso y asegura al cliente que realmente comprendes sus prioridades y preocupaciones, creando una conexión emocional más fuerte.

Además, hacer preguntas abiertas como "¿Podrías contarme más sobre lo que buscas?" o "¿Cuál es tu mayor preocupación en este momento?" fomenta aún más que los clientes compartan libremente, dándote la información que necesitas para abordar sus necesidades de manera efectiva.

Este nivel de escucha activa construye confianza, haciendo que los clientes se sientan valorados y comprendidos, lo cual es esencial en cualquier relación de ventas.

*Más información sobre NEPQ en https://7thlevelhq.com/

3. Demuestra interés y curiosidad

Las personas perciben cuando tu interés en ellas es genuino frente a cuando solo intentas cerrar una venta.

Aborda cada conversación con curiosidad sobre las historias, objetivos y puntos de dolor de tus clientes. Esto no significa bombardearlos con preguntas, sino mostrarte abierto e interesado en lo que dicen.

Por ejemplo, si un cliente menciona algo personal o relacionado con su negocio, haz una pregunta que demuestre interés. Tal vez mencionen un desafío específico en su industria; podrías preguntarles cómo imaginan una solución. O si comparten un logro reciente, podrías decir: "¡Eso es fantástico! ¿Qué crees que contribuyó más a ese éxito?" Si hablan sobre un objetivo futuro, puedes responder con, "¿Qué inspiró ese objetivo?" o "¿Qué pasos te emocionan más para alcanzarlo?"

Este tipo de participación muestra que estás interesado en ellos, no solo en su compra. Respuestas sencillas y genuinas como "Puedo ver por qué eso es tan importante para ti" o "Parece que le has dedicado mucho tiempo a pensar en esto" demuestran tu interés en su trayectoria y refuerzan que la conversación se centra en comprender sus necesidades únicas, en lugar de solo realizar una venta.

4. Utiliza el poder de la narración

Las historias narradas (en inglés Storytelling) son una herramienta increíble para crear conexiones al despertar el interés y enfocar la atención.

Comparte historias de éxito, desafíos que se puedan relacionar o anécdotas que se alineen con la situación de tu cliente. Contar historias que reflejen las experiencias o aspiraciones de tu cliente les ayuda a sentirse comprendidos y refuerza el mensaje de que tienes soluciones aplicables en el mundo real.

Por ejemplo, si un cliente está preocupado por un presupuesto ajustado que podría afectar sus objetivos, podrías decir: "Recientemente trabajé con un dueño de un pequeño negocio que enfrentaba un desafío similar. Necesitaban una solución que se ajustara a su presupuesto pero que brindara resultados de calidad. Juntos, encontramos una manera de optimizar los costos sin comprometer el valor, y eso terminó aumentando su rentabilidad con el tiempo."

Usa la primera persona al contar historias para que tu cliente sienta que forma parte de la experiencia, haciendo la historia más cercana y relevante.

La clave está en que las historias sean relevantes y auténticas. Destaca cómo otros clientes en situaciones similares encontraron valor o superaron obstáculos con tu ayuda. La narración no solo construye empatía, sino que también demuestra sutilmente tu credibilidad, permitiendo que los clientes imaginen cómo tus soluciones podrían funcionar para ellos.

Dedicamos un capítulo completo a la narración en las siguientes páginas.

Para comenzar a practicar la narración de historias:

1. Identifica algunos escenarios críticos o desafíos que los clientes suelen enfrentar en tu industria.

2. Piensa en situaciones pasadas donde ayudaste a alguien a superar estos obstáculos o a lograr resultados significativos.

3. Practica estructurar estas historias enfocándote en tres partes principales: el problema inicial, la solución que brindaste y el resultado positivo.

Empieza con una narrativa sencilla y auténtica, y luego refínala gradualmente para que sea más impactante. Puedes practicar compartiendo estas historias con colegas o amigos para ganar confianza, de modo que estés listo para contarlas con seguridad y autenticidad cuando surja la oportunidad con los clientes.

5. Mantén tu compromiso

La confianza que generas ante tus clientes es frágil y puede romperse fácilmente al hacer promesas excesivas o al no cumplir con lo prometido.

Cuando te comprometas, asegúrate de ser diligente en cumplirlo y comunica rápidamente el resultado si algo cambia. Los clientes valoran la transparencia, y la honestidad te ganará su respeto y confianza, incluso si las cosas no salen perfectamente.

Aquí es esencial una comunicación clara. Si no tienes certeza sobre algo, admítelo y comprométete a encontrar la respuesta. Esto demuestra integridad y respeto por las necesidades y el tiempo de tu cliente.

Cumplir tus compromisos y comunicar actualizaciones de manera oportuna es fundamental para construir confianza.

Cuando prometes brindar una solución o hacer un seguimiento con información específica, asegúrate de hacerlo de forma rápida y completa. Esta fiabilidad muestra a los clientes que pueden depender de ti, lo cual es clave para nutrir una relación comercial sólida.

Una parte crucial de este proceso es seguir activamente cada paso, especialmente al entregar una solución.

Por ejemplo, después de enviar información inicial o una propuesta, envía un mensaje rápido para confirmar que la recibieron y pregúntales si tienen alguna pregunta. Luego, a medida que la conversación avanza, actualízalos sobre cualquier desarrollo.

Esto podría sonar como: "Quería informarte que estamos en buen camino con los siguientes pasos que discutimos, y tendré esa información adicional para ti el viernes". Este seguimiento refuerza tu dedicación para avanzar y hace que el cliente sienta que hay un progreso continuo.

Estas revisiones mantienen el impulso y brindan tanto a ti como al cliente la sensación de que están avanzando en la conversación, acercándose a un objetivo compartido.

Una comunicación clara a lo largo de este proceso tranquiliza a los clientes, haciéndoles saber que estás comprometido y comprometido a satisfacer sus necesidades de manera efectiva, manteniendo la relación productiva y alineada.

En resumen, construir un buen ambiente y confianza no es una acción única, sino un proceso continuo que implica ser constantemente empático, presente y confiable.

Enfocarse en estas técnicas te ayudará a crear conexiones más profundas y significativas con tus clientes, aumentará tu éxito en ventas y hará que tu trabajo sea más satisfactorio.

En ventas, donde las relaciones son la base del éxito, tomarse el tiempo para conectar y construir confianza te posiciona en un nivel profesional superior al resto.

Cuando estableces relaciones genuinas, las ventas dejan de sentirse transaccionales y empiezan a sentirse como asociaciones. Y ese es el punto óptimo tanto para ti como para tus clientes.

El ciclo emocional

Las ventas no se tratan solo de números y cerrar tratos; también se trata de emociones: las tuyas como profesional de ventas y las del comprador.

Imagina que tú y tu cliente están navegando por un ciclo emocional. Ambos quieren alcanzar sus metas mientras dejan abierta la oportunidad de participar en más oportunidades en el futuro.

Ya sea que tengas 20 años y estés comenzando una carrera en ventas, o que hayas estado en el negocio por un tiempo, comprender el ciclo emocional de ambas partes puede ayudarte a navegar por los altibajos, construir mejores relaciones y, en última instancia, cerrar más tratos.

Este ciclo emocional no es una línea recta, sino un camino sinuoso de emoción, ansiedad, duda y satisfacción. Exploremos este viaje y aprendamos cómo prosperar en él.

El viaje emocional del vendedor

Gestionar tus emociones mientras avanzas en las negociaciones es complejo. Puede que experimentes altibajos, y las siguientes fases te resultarán familiares.

1. Emoción y Optimismo

Estás emocionado y optimista al comienzo de tu proceso de ventas con un nuevo cliente potencial. Has establecido metas, visualizado las recompensas y sientes la emoción de un potencial infinito. Tu optimismo es contagioso; crees en lo que vendes y piensas que los compradores también lo harán. Esta etapa es crítica porque tu energía y confianza a menudo establecen el tono para tus interacciones de ventas.

Consejo Profesional: Aprovecha esta emoción inicial a tu favor. Involucra a los clientes con entusiasmo genuino y una mentalidad positiva. A la gente le atrae ese tipo de energía.

2. Nervios ante el primer contacto

Después de la emoción inicial, cuando llega el momento de hacer ese primer contacto o la presentación inicial, a menudo hay una ola de anticipación nerviosa. Incluso los vendedores experimentados sienten esto. La presión de causar una gran primera impresión, manejar objeciones y captar el interés del comprador puede provocar una oleada de adrenalina o inducir ansiedad.

Consejo Profesional: Prepárate a fondo. Conoce tu producto, anticipa posibles preguntas y practica tu discurso. La confianza proviene de la preparación.

3. El tira y afloja de esperanza y frustración

Después de esa conversación inicial, generalmente hay un juego de espera, y con ello viene una mezcla de esperanza y duda. Quizás el comprador estaba interesado, pero podría dejarte en espera o no devolver tus llamadas. En esta fase, podrías revisar la conversación, preguntándote si dijiste lo correcto o si podrías haberlo hecho mejor. La frustración a menudo sigue cuando los clientes potenciales se enfrían o no responden tan rápido como esperabas.

Consejo Profesional: No lo tomes de manera personal. La gente está ocupada y puede que necesiten priorizar sus respuestas. Haz un seguimiento educado sin parecer desesperado. Diversifica tus clientes potenciales para evitar apegarte emocionalmente a una venta en particular.

4. La ansiedad por las objeciones de venta

Una vez que vuelvas a involucrar al comprador, pueden surgir objeciones. Ya sea que se refieran al precio, al momento o a la idoneidad, lidiar con objeciones puede ser estresante.

Es fácil sentir que estás perdiendo el control de la situación. Sin embargo, las objeciones son una señal de interés: el comprador está considerando la oferta lo suficiente como para cuestionarla.

Consejo Profesional: Acepta las objeciones y míralas como oportunidades. Escucha activamente y con empatía. Responde con soluciones e historias que demuestren el valor de tu producto.

5. La montaña rusa del cierre

Cerrar un trato puede sentirse como una negociación de alto riesgo, especialmente si el comprador parece inseguro o está negociando con fuerza. En este punto, podrías experimentar miedo a perder la venta o emoción por alcanzar tu objetivo. El juego del "¿lo hará o no lo hará?" se desarrolla en tu cabeza, manteniéndote alerta.

Consejo Profesional: Concéntrate en guiar al comprador hacia una decisión en lugar de presionarlo. Resume los beneficios clave y refuerza el valor. Recuerda, cerrar no es un final, sino una transición a la siguiente fase de la relación.

6. La euforia de ganar

Cuando el comprador dice "sí" y se cierra el trato, hay una oleada innegable de emoción y satisfacción. Este es un claro ejemplo de la euforia emocional por la que los vendedores viven. Has trabajado duro, enfrentado obstáculos y tenido éxito. Es un momento de validación y recompensa.

Consejo Profesional: Celebra tus victorias, pero no te vuelvas complaciente. Tómate un momento para reflexionar sobre lo que salió bien y utiliza esa información para tus futuros tratos.

7. El temor de la tristeza post-venta

La tristeza post-venta puede seguir rápidamente a la euforia de ganar una venta. De repente, la emoción se desvanece, y puedes comenzar a dudar de si el comprador está satisfecho con su compra. ¿Y si se arrepiente? ¿Y si cancela o pide un reembolso? Esta caída emocional es natural y esperada.

Consejo Profesional: Confía en el valor que has proporcionado. Mantén abierta la línea de comunicación con el comprador para reforzar su decisión y ofrecer apoyo si necesita ayuda.

El ciclo emocional del comprador

Como representante de ventas, entender el ciclo emocional de tu cliente es vital para adaptarte mejor a la realidad. Profundicemos en este tema crítico.

1. Curiosidad y escepticismo

Los compradores comienzan con curiosidad, pero también con escepticismo. Pueden haber escuchado sobre tu producto o necesitar una solución, pero no están seguros de si eres la opción correcta. Podrían estar a la defensiva contra tácticas de venta agresivas o presentaciones demasiado entusiastas.

Consejo Profesional: Construye confianza desde el principio. No hables solo de tu producto; haz preguntas para comprender sus necesidades, escucha activamente y empatiza con sus desafíos.

2. La etapa de intriga e interés

A medida que el vendedor los involucra, los compradores pasan del escepticismo al interés, siempre que conectes los beneficios del producto con sus necesidades. Comienzan a ver posibilidades e imaginar cómo tu solución podría ayudarles. Sin embargo, todavía no están completamente comprometidos; están intrigados, pero no comprometidos.

Consejo Profesional: Refuerza su interés con información relevante, historias o testimonios. Pinta un cuadro vívido de cómo podría ser la vida con tu producto o solución.

3. El peso de la duda y el miedo

Incluso si están interesados, los compradores a menudo experimentan duda y miedo. ¿Y si esta no es la mejor solución? ¿Y si hay un mejor trato en otra parte?

Este miedo a tomar la decisión equivocada puede crear indecisión y vacilación. Están sopesando los riesgos, especialmente si la inversión es significativa.

Consejo Profesional: Aborda sus miedos de manera proactiva siendo transparente, proporcionando opciones para mitigar riesgos y ofreciendo garantías o pruebas cuando sea posible.

4. El alivio de la validación

Cuando los compradores comienzan a considerar una compra, buscan validación. Pueden buscar una segunda opinión, revisar el producto o volver a visitar sus beneficios clave. Necesitan la seguridad de que están tomando la decisión correcta.

Consejo Profesional: Reafirma su decisión con pruebas concretas y testimonios positivos. Ofréceles una última oportunidad para hacer preguntas, mostrando que te importa su satisfacción.

5. La presión de tomar decisiones

En este punto, los compradores sienten presión para tomar una decisión. Las apuestas son altas; están a punto de comprometerse. Pueden sentir una mezcla de emoción y ansiedad. Este paso es donde el riesgo de arrepentimiento del comprador está en su punto más alto.

Consejo Profesional: Sé solidario, pero no agresivo. Hazles saber que confías en el valor del producto y que les ayudarás a tener éxito después de la compra.

6. La alegría de la compra

Una vez que se completa la compra, los compradores a menudo experimentan una sensación de alegría y alivio. Se han comprometido a una decisión y esperan disfrutar de los beneficios. Sin embargo, esta alegría puede ser frágil; los compradores necesitan una garantía continua de que tomaron la decisión correcta.

Consejo Profesional: Los seguimientos después de la compra son esenciales. Envía un mensaje de agradecimiento, verifica si necesitan ayuda y ofrece recursos o servicios adicionales para mejorar su experiencia.

7. La impresión duradera

Finalmente, el comprador reflexiona sobre su experiencia general. ¿Se sintieron respetados, escuchados y valorados durante todo el proceso? ¿Un resultado positivo validó su decisión? Esta etapa de reflexión determina si se convertirán en clientes leales y defensores o buscarán en otra parte la próxima vez.

Consejo Profesional: Muestra constantemente que estás ahí para ellos más allá de la venta. Reconoce su retroalimentación, agradece su negocio y busca construir una relación a largo plazo.

Las ventas son más que una transacción; son un intercambio emocional. Como vendedor, especialmente si estás comenzando tu carrera, entender este ciclo es crucial para gestionar tus emociones y las de los compradores.

Es fácil dejarse llevar por los altibajos, pero es fundamental mantenerse centrado, empático y enfocado en construir conexiones genuinas

Manejando el rechazo con resiliencia

El rechazo es una parte inevitable de cualquier carrera en ventas. Puede dañar, o al menos sacudir tu confianza y hacer que dudes tus habilidades como profesional. Pero para los ejecutivos de ventas, especialmente aquellos que están comenzando su camino, la clave no es evitar el rechazo, sino aprender a manejarlo y a volver con más fuerza.

La resiliencia no es solo una cualidad deseable: es la columna vertebral de una carrera exitosa en ventas.

Exploremos cómo navegar el impacto emocional del rechazo y cultivar la resiliencia en tu trayectoria de ventas.

La realidad tras el rechazo

En ventas, el rechazo no es un obstáculo ocasional en el camino; es parte del camino. Escucharás más "no" que "sí", lo cual puede ser desalentador.

El rechazo puede tomar muchas formas: llamadas sin respuesta, prospectos desinteresados, negocios perdidos o clientes que desaparecen en el último minuto. Es fácil internalizar estos momentos como fracasos personales, pero a menudo no reflejan ni tu esfuerzo ni tu valor.

Los clientes rechazan ofertas por innumerables razones que están fuera de tu control, como el momento, el presupuesto, las prioridades o la falta de compromiso.

Consejo profesional: Acepta el rechazo como parte natural del proceso. No significa que estés haciendo algo mal; significa que estás interactuando activamente con prospectos y abriendo puertas para oportunidades que tal vez sean fructíferas en el futuro.

El impacto emocional del rechazo

Aunque el rechazo es parte del trabajo, puede ser emocionalmente agotador. Escuchar repetidos "no" puede llevar a dudas sobre uno mismo, frustración o incluso miedo a acercarse a nuevos prospectos.

Es común cuestionar tus habilidades o repasar conversaciones en tu mente, preguntándote qué salió mal. Ten en cuenta que ni el fracaso ni el éxito dependen completamente de ti, sino de las circunstancias, del comprador y del ecosistema.

Sin embargo, quedarse atrapado en el rechazo puede crear una espiral negativa que afecte tu motivación, confianza y rendimiento en general. Es fundamental reconocer estas emociones sin permitir que se apoderen de ti.

Estrategias para gestionar el rechazo

1. Desapégate del Resultado

El primer paso para manejar el rechazo es entender que no se trata de ti. Aunque puedes controlar tus esfuerzos, no puedes controlar el resultado.

Desprender tu autoestima del resultado de cada interacción te ayuda a abordar a cada prospecto con una mente clara y una actitud positiva.

Consejo profesional: Enfócate en el proceso más que en el resultado. Mide tu éxito por la calidad de tu enfoque, preparación y persistencia, no solo por los negocios cerrados.

2. Cambia tu relación con la negatividad

El rechazo puede sentirse como un fracaso o como un peldaño hacia el éxito. No es solo un cliché; los vendedores más exitosos a menudo enfrentan más rechazos que la persona promedio porque están dispuestos a correr más riesgos y exponerse más. Recuerda que los corredores de seguros se enfrentan a 99 rechazos por cada victoria. Con tan solo optimizar ese 1 %, construyen su portafolio de clientes y generan una carrera fructífera.

En lugar de temer al "no", abrázalo como parte del camino hacia encontrar el "sí" correcto.

Consejo profesional: Replantea el rechazo como retroalimentación valiosa. ¿Qué aprendiste de la interacción? ¿Cómo puedes mejorar la próxima vez? Ver cada "no" como una lección convierte los contratiempos en oportunidades de mejora.

3. Construye un ritual del rechazo

Tener un ritual para manejar el rechazo puede ayudar a evitar que las emociones negativas se acumulen. Puede ser dar un paseo corto, hacer algunos ejercicios de respiración profunda o pasar cinco minutos escribiendo en un diario sobre lo que aprendiste y lo que salió bien.

Construirte tu ritual de positivismo te permite liberar la frustración y restablecerte antes de pasar a la siguiente llamada o reunión. Sera una forma de cerrar el circulo en paz contigo mismo, pasándooslas así a la siguiente oportunidad de negocios.

Consejo profesional: No reprimas tus emociones. Reconoce tus sentimientos, libéralos a través de tu ritual y enfócate en la siguiente tarea. Se trata de avanzar, no de pretender que no te afecta.

4. No te detengas ante un simple rechazo

Es tentador enfocarse demasiado en un trato perdido o en un prospecto desinteresado, pero eso solo aumenta el costo emocional. En su lugar, mantén las cosas en perspectiva. Las ventas son un juego de números; perder un trato no define tus habilidades ni predice el éxito futuro.

Consejo profesional: Mantén un embudo de ventas diversificado. Cuantos más prospectos tengas, menos emocionalmente invertido estarás en cada uno, lo que hace que el rechazo sea más manejable.

Desarrollando tu resiliencia

La resiliencia es la capacidad de recuperarse rápidamente de los contratiempos, adaptarse al cambio y seguir adelante a pesar de los desafíos.

En ventas, la resiliencia es esencial para el éxito y el bienestar mental. La buena noticia es que la resiliencia se puede desarrollar y fortalecer con intención y práctica.

1. Desarrolla una mentalidad de crecimiento

Los vendedores resilientes adoptan una mentalidad de crecimiento, creyendo que cualquiera puede aprender habilidades y capacidades mediante dedicación y esfuerzo. Ven los desafíos como oportunidades para crecer, en lugar de amenazas a su competencia.

Una mentalidad de crecimiento te ayuda a mantenerte motivado y abierto al aprendizaje, incluso frente al rechazo.

Consejo profesional: Sustituye los pensamientos autodestructivos por pensamientos empoderadores. En lugar de decirte "No soy bueno en esto", dite "Estoy mejorando con cada llamada que hago". El lenguaje que usas contigo mismo importa.

2. Establece metas y expectativas realistas

Las expectativas poco realistas pueden llevar a decepciones innecesarias. Acepta que no cada presentación será perfecta y que no cada prospecto será un comprador. Establecer metas realistas y alcanzables para ti mismo te mantiene enfocado y motivado sin poner demasiada presión sobre tu desempeño.

Consejo profesional: Divide tus objetivos de ventas en metas más pequeñas y manejables.

Celebra cada hito, incluso los pequeños logros, para mantener un sentido de progreso.

3. Encuentra significado más allá de la venta

La resiliencia es más fácil cuando un propósito más profundo impulsa tu trabajo. En lugar de enfocarte únicamente en cerrar tratos, enfócate en el valor que estás brindando a tus clientes.

Entiende cómo tu producto o servicio mejora sus vidas, sus empresas, sus empleados y deja que ese propósito impulse tus esfuerzos.

Consejo profesional: Reflexiona sobre tu "por qué" regularmente. ¿Por qué elegiste una carrera en ventas? ¿Qué impacto deseas tener en tus clientes? Encontrar propósito en tu trabajo fortalece tu resiliencia.

4. Busca apoyo y mentoría

El rechazo es más fácil de manejar cuando no lo enfrentas solo. Construye una red de mentores, colegas y amigos que entiendan los desafíos emocionales de las ventas. Los mentores pueden ser colegas experimentados de tu propio equipo o gerentes.

Compartir tus experiencias con otros puede ayudarte a obtener perspectiva, aprender nuevas estrategias y recibir valioso aliento.

Consejo profesional: Sé valiente y pide ayuda o comparte tus dificultades. Otros han enfrentado los mismos desafíos y pueden ofrecerte ideas o simplemente ser una oreja escuchante.

Abrazando la visión general

En ventas, la resiliencia no se trata solo de recuperarse de un rechazo; se trata de mantener tu motivación y pasión a lo largo de toda tu carrera.

Este enfoque requiere entender la visión general: el impacto acumulativo de tus esfuerzos con el tiempo, en lugar de obsesionarte con los éxitos o fracasos individuales. Un "no" hoy no define tu potencial a largo plazo.

Consejo profesional: Lleva un diario o registro de tus victorias y progreso. Documenta tus logros, lecciones aprendidas y hitos clave para recordarte a ti mismo tu trayectoria y lo lejos que has llegado.

Convirtiendo los contratiempos en peldaños

Manejar el rechazo y desarrollar resiliencia van de la mano. Cuando aprendes a manejar el rechazo con gracia, estás desarrollando resiliencia al mismo tiempo.

Y cuando cultivas la resiliencia, estás mejor preparado para manejar futuros rechazos. Se alimentan mutuamente, creando un ciclo de crecimiento y mejora.

Consejo profesional: Ve cada contratiempo como un peldaño, no como un obstáculo. El rechazo no significa el fin del camino; te redirige hacia nuevas oportunidades.

Reflexiones finales sobre el cultivo de una mentalidad resiliente en ventas

Las ventas no son para los débiles de corazón. Requiere inteligencia emocional, autoconciencia y un compromiso con el crecimiento personal.

El rechazo llegará: es inevitable. Pero tu respuesta a él es lo que realmente define tu camino.

Puedes construir una carrera de ventas exitosa y satisfactoria abrazando los contratiempos, replanteando los rechazos y desarrollando resiliencia.

Toma por ejemplo las artes marciales, donde aprendes a usar la energía de tu oponente a tu favor. En lugar de resistir la fuerza del rechazo, fluye con ella, redirige su impulso y deja que te impulse hacia adelante.

Cuando la objeción o duda de un prospecto te empuje, no te resistas; en lugar de eso, absorbe sus preocupaciones, reconoce sus dudas y usa esa energía para refinar tu enfoque, construir confianza y guiarlos hacia una solución.

De manera similar, adoptar el punto de vista de tu cliente te permite alinearte con su perspectiva y emociones. Al ver a través de sus ojos, puedes identificar sus verdaderas necesidades y redirigir sutilmente el enfoque de la conversación hacia el valor que ofreces.

Así como un artista marcial usa la energía de su oponente para mejorar el movimiento, en ventas puedes usar la perspectiva de tu cliente para guiar la conversación de una manera que resuene con ellos, creando un camino colaborativo hacia un resultado exitoso.

Esta mentalidad construye resiliencia y transforma los obstáculos en oportunidades, permitiéndote adaptarte, crecer y tener éxito en cada situación.

Recuerda, la resiliencia no se trata de ser fuerte todo el tiempo, sino de ser adaptable, compasivo contigo mismo y estar dispuesto a seguir adelante a pesar de los obstáculos.

A medida que avanzas en tu carrera de ventas, el rechazo se convertirá en menos un miedo y más en un compañero familiar con el que aprenderás a navegar con confianza.

Con resiliencia y ambición en tu caja de herramientas, no hay límite para lo que puedes lograr.

El poder del *Storytelling*

En lo que respecta a las ventas, los hechos y las cifras por sí solos rara vez cierran el trato. Las personas toman decisiones de compra basadas en emociones, y las historias de tipo *Storytelling* son una de las herramientas más poderosas para evocar esas emociones.

Piensa en tu última gran decisión: ¿fue impulsada puramente por la lógica o había una historia detrás que influyó en tu elección? Desde la infancia, las historias cautivan nuestra atención, estimulan nuestra imaginación y nos ayudan a darle sentido al mundo.

En ventas, el contar historias puede transformar una presentación mundana en una experiencia memorable, marcando toda la diferencia a la hora de persuadir a un comprador potencial. Exploremos el arte de contar historias en las ventas y cómo puede evocar emociones que conduzcan a resultados exitosos.

El *Storytelling* importa

En ventas, *storytelling* es más que transmitir información; es una forma de conectar con tu audiencia a un nivel más profundo.

Las personas están programadas para conectar con historias, incluso estudios científicos demuestran que las historias activan múltiples áreas del cerebro, despertando emociones y fomentando la empatía.

Cuando cuentas una historia convincente, no solo compartes datos, sino que creas una experiencia compartida que resuena con las emociones y valores de tu audiencia.

Una historia bien elaborada en una conversación de ventas mejora los siguientes puntos clave:

Captura la atención: Las historias atraen a los oyentes, haciéndolos más receptivos a tus palabras.

Crea conexiones emocionales: Las historias fomentan la empatía y hacen que los conceptos abstractos sean más comprensibles.

Mejora la comprensión: Las historias brindan contexto, ayudando a tu audiencia a entender el panorama general.

Inspira acción: Las historias evocan emociones, que son los impulsores principales de la toma de decisiones.

En resumen, storytelling te permite ir más allá de las características y beneficios de un producto, aprovechando las motivaciones más profundas de tu audiencia.

El Poder Psicológico del *Storytelling*

Para entender por qué el *storytelling* funciona tan efectivamente, es esencial comprender su impacto psicológico.

Nuestros cerebros están programados para responder a las historias de manera diferente que a los simples datos. Cuando presentas hechos y cifras, tu audiencia solo activa las partes de su cerebro que procesan el lenguaje. Esa es la parte mas racional, dejando inactiva la parte emocional.

Sin embargo, al compartir una historia, se activan múltiples regiones de su cerebro, incluyendo las responsables de las emociones, las experiencias sensoriales y la memoria.

Además, el *storytelling* desencadena la liberación de oxitocina, a menudo llamada la "hormona de la confianza". Este neuroquímico promueve el vínculo y la empatía, creando una conexión entre el narrador y el oyente.

Cuando tus prospectos sienten una conexión contigo, es más probable que confíen en ti y, por extensión, en tu producto o servicio.

Elementos Clave de una Storytelling atractiva

Para aprovechar el poder del *storytelling* en ventas, es crucial entender qué hace que una historia sea atractiva. Una gran historia de ventas típicamente incluye los siguientes elementos:

1. Un héroe con el que uno se puede identificar

El héroe de tu historia no tiene que ser tú o tu producto; debe ser alguien con quien tu audiencia pueda identificarse.

Esto podría ser un cliente anterior, un miembro del equipo o incluso un personaje hipotético que refleje los desafíos actuales de tu prospecto.

El héroe sirve como un sustituto para tu audiencia, permitiéndoles verse a sí mismos en la narrativa.

2. Un conflicto o desafío claro

Toda historia necesita un conflicto central, un problema que necesita solución. Este conflicto debe resonar con los puntos de dolor o deseos de tu audiencia.

No basta con enunciar el problema; debes crear una conexión emocional con él. ¿Cómo está impactando este problema en la vida o negocio del héroe? ¿Cuáles son las consecuencias de no actuar?

3. Un viaje emocional

El viaje emocional es el corazón de cualquier buena historia. La montaña rusa de experiencias lleva al héroe del conflicto a la resolución. Este viaje es lo que mantiene a tu audiencia comprometida e interesada en el resultado. En ventas, el viaje emocional a menudo implica pasar de la frustración o la duda al alivio y la satisfacción.

4. Una resolución que resalte tu valor

La resolución de tu historia debería conducir naturalmente a tu producto o servicio como la solución. Sin embargo, es esencial evitar forzar esta conexión.

La clave es presentar tu oferta como la respuesta natural a los desafíos del héroe. La resolución debe dejar a tu audiencia sintiéndose esperanzada, inspirada o aliviada.

5. Una llamada a la acción

Las mejores historias de ventas no solo terminan, sino que inspiran a la acción. Después de haber llevado a tu audiencia a través de un viaje emocional, dales un siguiente paso claro.

Ya sea agendar una reunión, un levantamiento, firmar un contrato o realizar una compra, tu llamado a la acción debe alinearse con la resolución de tu historia.

Usando *Storytelling* para evocar emociones

El *storytelling* funciona porque toca las emociones, y las emociones impulsan las decisiones. Al crear tus historias de ventas, considera las emociones específicas que deseas evocar y cómo se alinean con los deseos y puntos de dolor de tu audiencia.

Aquí hay algunas emociones comunes y cómo puedes usarlas en tus historias:

Empatía: Comparte historias que resalten una lucha relatable, haciendo que tu audiencia se sienta comprendida y validada.

Emoción: Usa historias para ilustrar lo que es posible y mostrar el potencial transformador de tu solución.

Alivio: Cuenta historias que pasen de la tensión a la resolución, demostrando cómo tu producto alivia los puntos de dolor.

Confianza: Genera confianza compartiendo historias auténticas sobre tus experiencias o las de clientes satisfechos.

Técnicas de Storytelling para el Éxito en Ventas

Ahora que comprendes el poder del storytelling y sus elementos esenciales, profundicemos en técnicas específicas para hacer que tus historias sean más efectivas en un contexto de ventas:

- **Usa Descripciones Vivas:** Involucra los sentidos de tu audiencia con descripciones sensoriales.

- **Sé auténtico y transparente:** La autenticidad es clave para generar confianza; evita exagerar o inventar detalles.

- **Crea un arco narrativo:** Piensa en tu discurso de ventas como una mini narrativa con un claro inicio, desarrollo y fin.

- **Incorpora testimonios y casos de éxito:** Estos son historias del mundo real que demuestran el valor de tu producto.

- **Usa analogías y metáforas:** Las analogías y metáforas hacen que los conceptos complejos sean más relacionables.

Elaborando tus historias de venta Únicas

En ventas, tener un repertorio de historias clave adaptadas a diferentes situaciones puede marcar una gran diferencia. Estas historias deben adaptarse a las diferentes etapas del proceso de ventas y a las necesidades específicas de tu audiencia.

Aquí tienes tres tipos de historias que debes desarrollar:

La historia de origen

Tu historia de origen explica por qué tú o tu empresa hacen lo que hacen. No se trata del "qué" o el "cómo", sino del "por qué".
Este tipo de historia te ayuda a establecer

credibilidad, generar confianza y transmitir pasión por tu trabajo.

Una historia de origen es efectiva en las primeras conversaciones, cuando intentas establecer una conexión emocional.

La historia de éxito del cliente

Una historia de éxito del cliente muestra cómo has ayudado a otros a lograr sus objetivos. Es una oportunidad para demostrar tu valor de una manera que resuene con los desafíos de tu audiencia. Estas historias son ideales cuando se abordan objeciones o se destaca el impacto de tu solución.

No dudes en compartir cómo ese cliente se sintió con la transacción. Al final, todos se sienten atraídos por la sensación de bienestar después de una compra.

La historia de la visión

Una historia de visión pinta un cuadro de lo que podría ser el futuro con tu solución en acción. Inspira esperanza y emoción, y muestra a tu audiencia lo que es posible. Las historias de visión son ideales para las conversaciones de cierre, donde deseas motivar a tu audiencia a tomar acción.

Storytelling en diferentes escenarios de ventas

El storytelling no está limitado a una sola etapa del proceso de ventas; puede usarse efectivamente en cada punto de contacto. A continuación aprenderás cómo incorporar storytelling en diferentes escenarios:

Llamadas en frío

En una llamada en frío, tienes solo unos segundos para captar la atención de tu prospecto. Comienza con una historia corta y atractiva que resalte un problema común y sugiera una solución.
Por ejemplo: "Muchos clientes con los que trabajo solían pasar horas haciendo informes manuales. Ayudamos a un equipo a reducir ese tiempo a la mitad el mes pasado."

Reuniones de descubrimiento

El storytelling puede ayudarte a crear conexión emocional y descubrir los puntos de dolor de tu prospecto en una reunión de descubrimiento.
Comparte una breve historia sobre un cliente anterior que enfrentó desafíos similares y haz preguntas abiertas para establecer paralelismos.

Presentaciones y demostraciones

Usa el *Storytelling* para ilustrar los beneficios de tu producto durante una presentación o demostración. Por cada característica que resaltes, comparte una historia que demuestre su impacto real. En lugar de enumerar características técnicas, enmarca esas características como soluciones a problemas comunes como parte de una historia cautivante.

Superando objeciones

Cuando te enfrentas a objeciones, el storytelling puede ayudarte a cambiar la perspectiva de tu prospecto. Anteriormente utilicé como ejemplo el uso de la fuerza de tu oponente para reorientar la conversación, este es un magnífico ejemplo de ello.

Comparte una historia sobre un cliente con la misma preocupación y explica cómo le ayudaste a superarla. Este enfoque es menos agresivo y más tranquilizador.

Conversaciones de cierre

En las conversaciones de cierre, utiliza historias de visión para inspirar acción. Pinta un cuadro vívido del futuro con tu solución en acción, enfatizando los beneficios emocionales.

Evitar errores comunes en *Storytelling*

Aunque el storytelling es una herramienta poderosa en ventas, es esencial usarlo de manera estratégica y hábil. Una historia mal elaborada o mal colocada puede tener el efecto contrario, desconectando o alienando a tu audiencia. A continuación, te mencionaré algunos errores comunes a evitar al incorporar storytelling en tu enfoque de ventas.

Complicar demasiado la historia

Uno de los errores más comunes que cometen los vendedores es contar historias demasiado complicadas. Cuando tu historia tiene menos personajes, subtramas o jerga técnica, se hace más fácil para el oyente seguirla y conectarse con la narrativa.

En ventas, la simplicidad es clave. Mantén tus historias concisas y centradas en el punto principal que deseas transmitir. Trata de resaltar un problema evidente y una resolución comprensible.

Consejo profesional: Mantén lo esencial. Cada detalle de tu historia debe tener un propósito, ya sea construir empatía, ilustrar un beneficio o conducir a una llamada a la acción. Si un detalle no mejora la narrativa o no ayuda a que transmitas tu mensaje, déjalo fuera.

Hacer que la historia gire alrededor de ti
Tus historias deben estar centradas en el cliente, no en ti mismo. Aunque puede ser tentador compartir tus logros o enfocarte en los éxitos de tu empresa, las historias que se centran demasiado en ti pueden parecer jactanciosas o irrelevantes para tu audiencia.
Recuerda, el héroe de tu historia debe ser alguien con quien tu audiencia se pueda identificar, idealmente, alguien como ellos.

Consejo profesional: Enmarca tus historias de manera que tu audiencia esté en el centro. Habla de los desafíos enfrentados por personas como ellos y resalta cómo esas personas se beneficiaron de tu producto o servicio. Haz que tu audiencia se imagine como el héroe que alcanza el éxito con tu orientación.

No adaptar la historia a tu audiencia
No todas las historias resuenan igualmente con todas las audiencias. Lo que funciona para un cliente puede no tener el mismo impacto con otro. Contar una historia genérica que no se alinea con la industria, el rol o los desafíos de tu prospecto puede crear una desconexión. Esto ocurre cuando no te tomas el tiempo necesario para entender a tu audiencia y sus necesidades únicas antes de contarles una historia.

Consejo profesional: Adapta tus historias en función de los puntos de dolor, deseos y contexto del prospecto. Prioriza la relevancia sobre la repetición. Si estás hablando con un tomador de decisiones de una empresa tecnológica, comparte historias sobre la industria tecnológica. Si hablas con un dueño de una pequeña empresa, enfócate en historias que resalten la flexibilidad y la rentabilidad.

Fallar en crear la conexión emocional
Una historia atractiva no se trata solo de hechos y cronologías, se trata de emociones. Si tus historias son demasiado secas o factual, no involucrarán emocionalmente a tu audiencia. Sin esa conexión emocional, es poco probable que tu historia inspire acción o resuene profundamente con el oyente.

Consejo profesional: Infunde emoción en tus historias. Resalta cómo se sintió el protagonista durante su viaje: la frustración de enfrentar desafíos, la emoción de descubrir una solución y el alivio de lograr el éxito. Usa un lenguaje descriptivo que evoque emociones y pinte una imagen vívida de la situación.

Ignorar la importancia de una llamada a la acción clara
Incluso la mejor historia puede caer en el olvido si no lleva a un paso siguiente claro. Si dejas a tu

audiencia inspirada pero sin saber qué hacer después, tu historia no habrá logrado su propósito. Cada historia de ventas debe tener un resultado definido y una transición lógica hacia una llamada a la acción.

Consejo profesional: Haz la transición de manera fluida al siguiente paso después de contar tu historia. Por ejemplo, si tu historia demuestra cómo tu producto ayudó a otro cliente, concluye con: "Entonces, según lo que hemos discutido, exploremos cómo podemos lograr resultados similares para tu equipo. ¿Qué te parece?"

Ser falso o exagerado
La autenticidad es crucial en el *storytelling*. Si tu audiencia percibe que estás adornando o inventando detalles, esto puede erosionar la confianza y dañar tu credibilidad.
Una historia inauténtica también puede parecer manipuladora, lo cual es desagradable para tu audiencia.

Consejo profesional: Apégate a historias verdaderas y sé transparente sobre los desafíos y contratiempos de tus clientes. Si no tienes experiencia personal directa con una situación, considera compartir un estudio de caso o una anécdota de un colega.
La autenticidad genera confianza, y la confianza es esencial para cerrar una venta.

Usar historias que no tienen un punto claro

Una buena historia siempre tiene un punto o mensaje claro. Contar una historia sin un propósito definido o sin relación con las necesidades de tu audiencia puede resultar confuso y contraproducente. Es crucial ser intencional sobre el mensaje que deseas transmitir.

Consejo profesional: Antes de contar una historia, pregúntate: ¿Cuál es el punto principal que quiero transmitir? ¿Cómo se relaciona esta historia con la conversación actual o los desafíos del prospecto?
Asegúrate de que cada historia cumpla un propósito claro y refuerce tu mensaje principal.

Sobrecargar con demasiadas historias

Aunque el *storytelling* es poderoso, depender demasiado de él puede diluir su impacto. Si compartes demasiadas historias en una sola conversación, tu audiencia puede sentirse abrumada o perder el hilo de tus puntos clave. Encuentra un equilibrio entre storytelling y la entrega de información concisa y factual.

Consejo profesional: Sé selectivo con las historias que cuentas. Úsalas estratégicamente para ilustrar puntos clave, abordar objeciones o generar confianza. Unas pocas historias bien elegidas son más efectivas que una avalancha de anécdotas.

Olvidar practicar y refinar tus historias
Como cualquier habilidad, el *storytelling* requiere práctica. Confiar únicamente en la improvisación puede llevar a historias desordenadas o mal estructuradas. Con práctica, podrás recordar detalles críticos y mantener una narrativa cohesionada.

Consejo profesional: Prepara y refina tus historias con anticipación. Practícalas hasta que fluyan naturalmente y puedas entregarlas de manera auténtica y convincente. Cuanto más cómodo estés con tus historias, más efectivas serán en situaciones de ventas reales.

No escuchar las señales de tu audiencia

El *storytelling* en ventas no se trata solo de contar una buena historia, sino de saber cuándo contarla. Ignorar las expresiones verbales y no verbales de tu audiencia puede llevarte a contar una historia mal sincronizada o irrelevante. Escuchar es crucial para identificar el momento adecuado para introducir una historia.

Consejo profesional: Presta atención a las respuestas de tu audiencia y a su lenguaje corporal. ¿Están asintiendo con la cabeza hacia adelante?, ¿O están cruzando los brazos y mirando hacia otro lado?, lo que señala desinterés.

Sé ágil para ajustar tu enfoque según sus señales. Si percibes resistencia, considera reformular o acortar tu historia.

Lo más importante sobre evitar los errores comunes

El *storytelling* es tanto un arte como una ciencia. Mientras que las historias correctas pueden fortalecer las conexiones y aumentar las ventas, las equivocadas pueden alienar y confundir a tu audiencia. Al evitar estos errores comunes, puedes convertirte en un narrador más seguro y convincente, usando relatos para construir confianza, evocar emociones e inspirar acción.

Cuando se usa de manera reflexiva, el *storytelling* puede transformar tu enfoque de ventas de un intercambio transaccional en un viaje emocional y significativo que deje una impresión duradera en tu audiencia.

Recuerda que las grandes historias de ventas no solo venden un producto, si no que conectan, inspiran y crean una experiencia compartida que resuena mucho después de la conversación.

Prepara un entorno positivo

Las ventas a menudo se perciben como un entorno de alta presión donde cumplir con los objetivos y obtener resultados son fundamentales. En este capitulo, hablaremos del rol de los directores de ventas en fomentar un sentido de motivación y productividad. En los equipos de ventas, el positivismo es clave para superar la frustración y mejorar la motivación colectiva.

Sin embargo, los equipos de ventas están compuestos por individuos con emociones, motivaciones y desafíos. Preparar un entorno emocionalmente positivo es crucial para mantener un equipo motivado y productivo.

Los líderes de ventas pueden aumentar la moral de su equipo, mejorar el rendimiento y lograr el éxito duradero al crear una cultura que priorice el bienestar emocional y valore el positivismo.

La importancia de un entorno positivo

El entorno emocional de un equipo de ventas abarca los sentimientos, actitudes y la atmósfera colectiva. No se trata solo de ser alegre; se trata de cultivar una cultura de respeto mutuo, confianza y apoyo.

Un ambiente emocionalmente positivo puede amortiguar el estrés, el rechazo y el agotamiento en un campo de alta presión como las ventas. Un entorno positivo impacta los siguientes aspectos:

Fomentando la motivación y el compromiso

Las ventas son un viaje emocional. El impulso por tener éxito, la emoción de cerrar un trato y la frustración de perder uno son parte de la experiencia. Un ambiente positivo amplifica los momentos altos y mitiga los bajos, ayudando a los miembros del equipo a mantenerse motivados y comprometidos. Sentirse apoyados y valorados hace que las personas estén más dispuestas a hacer un esfuerzo adicional.

Propulsando la comunicación y la colaboración

Un entorno emocional saludable fomenta la comunicación abierta y la colaboración. Los vendedores están más dispuestos a compartir ideas, proporcionar retroalimentación y ofrecer apoyo cuando se sienten seguros y respetados. Esto lleva a una mejor resolución de problemas, relaciones más fuertes y un compañerismo dentro del equipo.

Trabajando la resiliencia y la adaptabilidad

El rechazo es una parte inevitable de las ventas. Una atmósfera emocional positiva ayuda a los miembros del equipo a desarrollar resiliencia, recuperándose de los contratiempos más rápidamente. Al mismo tiempo, también promueve la adaptabilidad, ya que las personas están más abiertas a aprender de los errores y explorar nuevos enfoques cuando se sienten animadas en lugar de criticadas.

La importancia del liderazgo en un entorno positivo

Los líderes juegan un papel crucial en la configuración del entorno emocional de un equipo de ventas. Ellos marcan el tono a través de sus acciones, comunicación y actitudes. El comportamiento de un líder puede levantar o socavar la moral del equipo. Aquí hay algunas formas en las que los líderes pueden crear un entorno emocionalmente positivo:

Liderar con empatía e inteligencia emocional

La inteligencia emocional (IE) es una característica crucial para un liderazgo efectivo. Los líderes con alta IE están sintonizados con las emociones de su equipo, reconociendo cuando alguien está pasando por dificultades o necesita apoyo. Al demostrar empatía, los líderes muestran que valoran a los miembros del equipo como individuos, no solo como números en un informe de ventas.

Consejo profesional: Haz un seguimiento regular con tu equipo. Haz preguntas abiertas como: "¿Cómo te sientes con tu progreso esta semana?" o "¿Hay algo con lo que necesites ayuda ahora?».

Estas conversaciones construyen confianza y muestran que realmente te importa. Dedicar unos minutos semanales al bienestar del equipo de ventas es una de las mejores inversiones que puedes considerar.

Modelar positivismo y resiliencia

Los líderes marcan el ejemplo de cómo responder ante los desafíos. Si un líder se mantiene tranquilo y optimista frente a la adversidad, el equipo probablemente lo seguirá. Por el contrario, si un líder reacciona con frustración o negatividad, puede crear un efecto negativo que erosione la moral del equipo.

Consejo profesional: Reconoce la dificultad públicamente pero enfócate en las soluciones cuando ocurran contratiempos. En lugar de enfocarte en lo que salió mal, pregunta: "¿Qué podemos aprender de esto y cómo podemos mejorar hacia adelante?"

Celebrar los logros, grandes y pequeños

Las ventas son un campo impulsado por los resultados, y celebrar los logros es esencial para mantener la motivación. Reconocer y celebrar los logros significativos, así como las pequeñas victorias, crea un sentido de progreso y logro dentro del equipo.

Consejo profesional: Implementa un programa de reconocimiento que destaque los éxitos individuales y del equipo. Esto puede ser tan simple como un reconocimiento semanal durante las reuniones del equipo o premios más formales por alcanzar metas.

Lo que más importa aquí es que el reconocimiento sea sincero e inclusivo.

Ofrecer la retroalimentación constructiva

La retroalimentación es esencial para el crecimiento, pero la forma en que se entrega puede hacer o deshacer el ambiente emocional de un equipo. La retroalimentación constructiva se enfoca en la mejora y el estímulo, mientras que la crítica se centra en la culpa y las deficiencias. El objetivo debe ser ayudar a los miembros del equipo a crecer, no señalar sus errores.

Consejo profesional: Al dar retroalimentación, utiliza el enfoque "elogio-sugerencia-elogio". Comienza con un comentario positivo, sugiere una mejora y concluye con otro comentario positivo. Esta técnica ayuda a mantener la confianza y motivación del miembro del equipo.

Construir una cultura de seguridad psicológica

La seguridad psicológica se refiere a la creencia de que uno puede expresarse sin temer consecuencias negativas. Es la base de un entorno emocional positivo.

Cuando los miembros de un equipo se sienten psicológicamente seguros, es más probable que compartan sus ideas, expresen preocupaciones y tomen riesgos calculados. Esta apertura fomenta la innovación, la colaboración y la mejora continua.

Para construir seguridad psicológica dentro de un equipo de ventas, considera lo siguiente:

Facilitar el diálogo abierto y la retroalimentación

Crea una atmósfera en la que los miembros del equipo se sientan cómodos dando y recibiendo retroalimentación. Los líderes deben solicitar activamente retroalimentación y mostrar aprecio por las aportaciones de los miembros del equipo, incluso si son críticas. Las personas son más propensas a contribuir abiertamente cuando sus opiniones son valoradas.

Consejo profesional: Pregunta regularmente por la retroalimentación sobre las reuniones del equipo, procesos y estrategias. Preguntas simples como, "¿Qué crees que salió bien en esta reunión?" o "¿Hay algo que podríamos hacer diferente la próxima vez?" pueden ser de gran ayuda para fomentar un diálogo abierto.

Apoyar la toma de riesgos y la experimentación

Las ventas a menudo implican probar nuevos enfoques, explorar soluciones innovadoras y salir de la zona de confort. Sin embargo, el miedo al fracaso puede frenar a los miembros del equipo. Los líderes deben enfatizar que la experimentación y los riesgos calculados son aceptados y fomentados.

Consejo profesional: Normaliza el fracaso como parte del proceso de aprendizaje. Cuando un riesgo no da resultados, discútelo abiertamente con el equipo, enfocándote en las lecciones aprendidas en lugar de asignar culpas.

Abordar los problemas con empatía

Cuando surjan conflictos o problemas, es crucial abordarlos de manera rápida y empática. Ignorar los problemas o dar respuestas duras puede dañar la confianza y crear un ambiente tóxico. Aborda los problemas con una mentalidad orientada a la solución, enfocándote en la resolución en lugar de en el castigo.

Consejo profesional: Si un miembro del equipo tiene dificultades, aborda la conversación con curiosidad en lugar de juicio. Haz preguntas como, "¿Cuál crees que es la causa raíz de este problema?" y "¿Cómo podemos trabajar juntos para encontrar una solución?"

El rol de la comunicación en un entorno positivo

La comunicación clara, transparente y empática es la columna vertebral de un ambiente emocional positivo.

La falta de comunicación o los malentendidos pueden llevar a frustraciones y desmotivación. Los líderes deben priorizar una comunicación efectiva para mantener al equipo alineado, motivado e informado.

Enfatizar la transparencia y la honestidad

La transparencia genera confianza y minimiza la ansiedad dentro del equipo. Cuando los líderes son abiertos sobre los objetivos, desafíos y cambios, se reduce la incertidumbre y los miembros del equipo se sienten más seguros. Incluso cuando las noticias no son positivas, la honestidad siempre es la mejor política.

Consejo profesional: Organiza reuniones regulares con el equipo para proporcionar actualizaciones sobre los objetivos de la empresa, las metas de ventas y los cambios estratégicos. Sé transparente acerca de los desafíos y enfatiza el papel del equipo para superarlos.

Practicar la escucha activa

Escuchar es tan importante como hablar. Cuando los líderes practican la escucha activa, valoran la aportación de los miembros del equipo. Esto eleva la moral y proporciona valiosos conocimientos para mejorar el rendimiento del equipo.

Consejo profesional: Durante las reuniones uno a uno o las discusiones en equipo, practica la escucha activa manteniendo contacto visual, asintiendo y respondiendo con preguntas reflexivas. Evita interrumpir o descartar ideas, incluso si no estás de acuerdo.

Expresar gratitud y apreciación

Un simple "gracias" puede tener un gran impacto en la creación de un entorno emocional positivo. Expresar gratitud demuestra que valoras las contribuciones de los miembros del equipo y refuerza una cultura de reconocimiento.

Consejo profesional: Haz un hábito de agradecer a los miembros del equipo por sus esfuerzos, ya sea por cerrar un gran trato, apoyar a un colega o simplemente por mostrar una actitud positiva. La apreciación personalizada se siente más significativa que los elogios genéricos.

Los beneficios de un entorno positivo

Crear un ambiente emocional positivo en el lugar de trabajo no se trata solo de hacer que las personas "se sientan bien"; es un enfoque estratégico que puede impulsar la productividad, mejorar la creatividad y fomentar el compromiso a largo plazo.

Los ejecutivos de ventas que experimentan apoyo, reconocimiento y motivación son más felices y efectivos. Este entorno puede marcar una gran diferencia en las operaciones diarias, influyendo en cómo los miembros del equipo abordan su trabajo y cuán comprometidos se sienten con sus objetivos.

Aumento de la motivación y el compromiso

Los beneficios más inmediatos de un ambiente emocional positivo son una mayor motivación y compromiso. Cuando los empleados se sienten valorados y comprendidos, es más probable que den lo mejor de sí cada día. No trabajan solo por un salario, sino que están motivados para contribuir de manera significativa a los objetivos de su equipo. Esta motivación intrínseca puede llevar a las personas a superar sus responsabilidades formales, esforzándose por ofrecer resultados de calidad.

Un ambiente de apoyo y estímulo hace que las personas sientan que sus contribuciones son notadas y apreciadas, reforzando su compromiso con los objetivos personales y del equipo.

Mayor retención y reducción de la rotación

La retención de empleados es otro beneficio clave de cultivar un ambiente emocional positivo. Los empleados pueden sentirse agotados o desconectados en un entorno tóxico, lo que lleva al agotamiento y a altos índices de rotación. Por el contrario, una cultura positiva y de apoyo promueve la satisfacción laboral, inspirando lealtad. Cuando los empleados sienten una conexión emocional con su lugar de trabajo, es mucho menos probable que busquen satisfacción laboral en otro lugar.

Las altas tasas de retención llevan a una fuerza laboral más estable, reduciendo los costos y las interrupciones asociadas con la contratación y la capacitación frecuentes. Los empleados tienden a quedarse donde se sienten respetados y valorados, creando un equipo fuerte y cohesivo que trabaja de manera efectiva a largo plazo.

Mejora de la creatividad e innovación

La creatividad y la innovación prosperan en entornos donde las personas se sienten seguras para asumir riesgos. Un ambiente emocional positivo minimiza el temor al juicio o la crítica, alentando a los empleados a expresar nuevas ideas y experimentar sin temor al fracaso.

Cuando los miembros del equipo se sienten apoyados, es más probable que piensen de manera creativa y superen los límites, generando innovación.

Este entorno fomenta una mentalidad en la que los desafíos se ven como oportunidades para aprender y crecer, lo que lleva a una mejora continua y a soluciones prácticas y frescas. Una cultura así impulsa a la empresa hacia adelante, permitiéndole adaptarse más rápidamente a los cambios en la industria.

Mejora de la cohesión y colaboración en el equipo

Las emociones positivas sientan las bases para relaciones más sólidas y una colaboración más estrecha dentro de un equipo. Cuando los empleados sienten camaradería y respeto mutuo, están más dispuestos a compartir conocimientos y trabajar juntos para resolver problemas. Esta confianza fomenta una comunicación abierta, lo que facilita que los miembros del equipo pidan ayuda o brinden comentarios constructivos.

Trabajar en un entorno colaborativo aumenta la productividad, ya que las personas pueden apoyarse en las fortalezas de los demás para cumplir con los plazos y alcanzar objetivos comunes. El apoyo mutuo y los objetivos compartidos cultivados en un entorno así conducen a un equipo más unido, eficiente y de alto rendimiento.

Un sentido de pertenencia y éxito compartido

Un ambiente emocional positivo también fomenta un sentido de pertenencia e integración, haciendo que los empleados sientan que son esenciales para el éxito del equipo.

Cuando los miembros del equipo sienten que sus contribuciones son importantes para el panorama general, sienten un gran orgullo en su trabajo. Este sentido de éxito compartido crea una poderosa conexión emocional con el equipo y la misión de la organización, ya que los empleados reconocen su rol en los logros colectivos.

Celebrar hitos, reconocer esfuerzos individuales y discutir abiertamente el progreso hacia los objetivos refuerzan este sentimiento. Los empleados que se sienten integrados tienen más probabilidades de estar comprometidos, ser proactivos e invertir personalmente en ayudar al equipo a alcanzar sus objetivos, lo que aumenta la productividad y la moral.

En resumen, un ambiente emocional positivo es un catalizador poderoso para la productividad, fomentando la motivación, reduciendo la rotación, incentivando la creatividad, mejorando la colaboración y reforzando un sentido de éxito compartido, creando un lugar de trabajo donde los empleados están comprometidos y listos para dar lo mejor de sí.

Estos beneficios se traducen en resultados tangibles, haciendo que un ambiente positivo sea deseable y esencial para el éxito y el crecimiento a largo plazo.

Construir un ambiente emocional positivo y sostenible

Crear un ambiente emocional positivo y sostenible dentro de un equipo de ventas requiere esfuerzo continuo, reflexión constante y estrategias proactivas. No es un esfuerzo de una sola vez; es un compromiso en evolución que necesita una atención constante desde el n Evel de dirección.

La idea central es asegurar que la base del positivismo permanezca fuerte, incluso en tiempos difíciles, y que continúe adaptándose a los cambios en la dinámica del equipo.

Los líderes deben revisar regularmente el estado de ánimo del equipo para mantener una atmósfera positiva. Esto implica algo más que evaluaciones formales o revisiones de desempeño; requiere un compromiso genuino con los miembros del equipo para evaluar su estado emocional y descubrir posibles problemas subyacentes.

Los gerentes deben mantenerse atentos y utilizar estos chequeos no como obligaciones de rutina, sino como una oportunidad para demostrar empatía y construir conexiones más sólidas. Este enfoque ayuda a los líderes a comprender no solo el progreso profesional de su equipo, sino también el bienestar emocional que fortalece el rendimiento del equipo.

Un método efectivo para mantener un ambiente emocional positivo es escuchar activamente los comentarios del equipo. Esto implica pedir retroalimentación y estar realmente abierto a recibirla sin actitudes defensivas. Los líderes deben esforzarse por crear un diálogo abierto donde los miembros del equipo se sientan seguros para compartir sus pensamientos, ya sean positivos o negativos. Cuando se recibe retroalimentación, el siguiente paso crucial es actuar en consecuencia.

Los líderes que escuchan y actúan sobre las sugerencias de su equipo fomentan un sentido de confianza y demuestran que cada voz importa. Este nivel de respuesta es vital para el bienestar a largo plazo del equipo y refuerza que el líder valora la mejora continua tanto en el ámbito emocional como en el operativo.

Otro aspecto esencial para mantener un ambiente positivo es establecer expectativas claras sobre el comportamiento y las interacciones dentro del equipo.

Una cultura de positividad no se construye solo a través de acciones individuales, sino a través de un entendimiento compartido de qué comportamientos se fomentan y cuáles son inaceptables. Los líderes deben liderar con el ejemplo, modelando las actitudes y comportamientos que desean ver replicados en el equipo. Por ejemplo, si la inclusividad y el respeto mutuo son valores fundamentales, cualquier forma de exclusión o comunicación negativa debe abordarse de inmediato. Al establecer expectativas claras y hacer que todos se responsabilicen, los líderes crean una atmósfera cohesiva en la que la positividad es la norma.

Los líderes también deben dar prioridad al bienestar de sus miembros de equipo ofreciendo un apoyo constante, tanto en el crecimiento profesional como en asuntos relacionados con el equilibrio de la vida profesional y personal. Como un campo de alta presión, las ventas pueden ser mentalmente agotadoras y llevar al agotamiento si se descuida la salud emocional. Por lo tanto, los líderes deben proporcionar recursos que ayuden a gestionar el estrés y a promover la resiliencia, como acceso a coaching, mentoría o programas de bienestar.

Además, deben fomentar una política de puertas abiertas donde los miembros del equipo se sientan cómodos para buscar ayuda o guía cuando lo necesiten. Este enfoque proactivo envía la señal de que su bienestar es tan importante como su desempeño en ventas.

Celebrar los logros es otra clave para mantener un ambiente emocional positivo. Los esfuerzos, el alcance de objetivos y el crecimiento demostrado deben ser reconocidos. Se trata de apreciar el proceso, no solo el resultado final. Este reconocimiento inclusivo fomenta un sentido de progreso colectivo, mostrando que cada contribución importa.

Al hacer del aprecio una parte integral de la cultura del equipo, los líderes refuerzan un ciclo de positividad donde el esfuerzo es recompensado y el crecimiento es alentado.

En conclusion, un ambiente emocional positivo solo puede mantenerse si está realmente arraigado en la cultura del equipo. Los líderes deben adoptar la positividad no solo como una herramienta de gestión, sino como un valor fundamental que impregne cada aspecto de las operaciones del equipo de ventas. Esto significa asegurar que la positividad guíe la toma de decisiones, las interacciones del equipo e incluso la manera en que se manejan los contratiempos. Cuando la positividad se ve como el enfoque por defecto y no solo como una estrategia para los momentos difíciles, se convierte en parte de la identidad del equipo.

Crear y mantener un ambiente emocionalmente positivo y sostenible dentro de un equipo de ventas demanda un compromiso integral y continuo compartido entre ejecutivos de ventas y gerentes de equipo. Los gerentes deben monitorear activamente la moral del equipo, escuchar y responder a la retroalimentación, establecer expectativas claras, brindar apoyo, celebrar los logros e incorporar la positividad en la cultura del equipo.

Cuando estos elementos se nutren de manera constante, el equipo prospera no solo en el logro de objetivos, sino también en la construcción de un ambiente de trabajo colaborativo, resiliente y altamente motivado que impulsa el éxito a largo plazo.

Venta ética o manipulación emocional

Empezar una carrera en ventas puede sentirse como entrar en un mundo donde la inteligencia emocional juega un papel tan importante como el conocimiento técnico. Ya sea que estés vendiendo software, vehículos o seguros, es crucial comprender la fina línea que separa una conexión emocional auténtica de la manipulación emocional.

En ventas, aprovechar las emociones puede ser una herramienta poderosa, pero con gran poder viene una gran responsabilidad. Los nuevos profesionales de ventas, especialmente aquellos alrededor de los 20 o 30 años, a menudo luchan por equilibrar la autenticidad con las técnicas persuasivas que apelan a las emociones de los clientes.

En este capítulo profundizaremos en las implicaciones éticas de la venta emocional y discutiremos por qué la autenticidad y la empatía son esenciales. Aprenderás a construir conexiones genuinas, evitar tácticas manipulativas y convertirte en un profesional de ventas exitoso y confiable.

El poder de las emociones en ventas

Los sentimientos son la fuerza impulsora detrás de muchas decisiones, incluyendo las de compra. Cuando vendes un producto, no solo estás intercambiando bienes o servicios; estás ofreciendo una experiencia o una solución a un problema.

Entender los sentimientos, el estado o las necesidades de un cliente puede ayudarte a presentar tu producto de una manera que resuene con él.

Tomemos la venta de un vehículo todoterreno como un ejemplo simple. Los clientes no solo están comprando un automóvil; están adquiriendo la libertad de la aventura, la emoción de la naturaleza o la confianza en un rendimiento fiable en terrenos desafiantes.

Alinear tu discurso con estos desencadenantes emocionales te ayudará a crear una narrativa que atraiga no solo su lado racional, sino también sus aspiraciones y deseos. Si encima, eres un apasionado de deportes de aventura, tu cliente va a sentir esta conexionarme, ayudándote a cerrar esta oportunidad de la mejor manera posible, con la orden de compra.

Sin embargo, este atractivo emocional debe ser genuino. Hay una diferencia entre ayudar a alguien a cumplir un sueño y convencerlo de comprar algo que no quiere o no necesita.

La fina linea entre autenticidad y manipulación

La autenticidad en ventas implica ser transparente, honesto y empático. Significa preocuparse genuinamente por las necesidades y el bienestar del cliente, y cerrar la brecha entre ellos y tus soluciones. La manipulación emocional, por otro lado, consiste en aprovecharse de las vulnerabilidades de alguien para beneficio propio. Esto puede incluir tácticas basadas en el miedo, crear una falsa sensación de urgencia o jugar con inseguridades para presionar una compra.

La manipulación emocional en ventas puede generar ganancias a corto plazo, pero pérdidas a largo plazo. Los clientes de hoy están cada vez más informados y valoran la confianza y la integridad. Si perciben una falta de autenticidad, corres el riesgo de perder no solo esa venta, sino también de dañar tu reputación.

Signos de manipulation emocional

Para mantener estándares éticos en ventas, es crucial estar consciente de las señales de advertencia asociadas con tácticas manipulativas. Aquí algunos ejemplos:

1. Crear escasez o falsa urgencia

Algunos vendedores pueden afirmar que un producto está disponible por tiempo limitado o que solo queda uno en stock, aunque esto no sea cierto. Si bien la urgencia puede ser convincente, se convierte en manipulación cuando se basa en falsedades.

2. Explotar miedos o inseguridades

Decirle a los clientes potenciales que necesitan un producto específico para evitar futuros fracasos, peligros o vergüenza sin evidencia genuina cruza la línea hacia una venta basada en el miedo. Las ventas éticas consisten en ofrecer soluciones, no en amplificar inseguridades.

3. Prometer demasiado o hacer afirmaciones engañosas

Hacer afirmaciones grandiosas sobre lo que tu producto puede hacer, sin bases reales, es poco ético y dañino. Prometer en exceso puede asegurarte una venta, pero a largo plazo te costará credibilidad.

4. Presionar a clientes reticentes

A veces los clientes necesitan tiempo para pensar. Si los presionas insistentemente o intentas pasar por alto sus objeciones con un lenguaje manipulador, demuestras falta de empatía y respeto por su proceso de toma de decisiones.

La importancia de la autenticidad

Las ventas no se tratan solo de alcanzar objetivos o cerrar acuerdos. Se trata de construir relaciones a largo plazo basadas en la confianza y el beneficio mutuo. La autenticidad puede ayudarte a generar empatía con los clientes, aumentar su lealtad e incluso convertirlos en defensores de tu marca. A continuación te explico por qué la autenticidad es crucial en ventas:

Fomenta la confianza y la lealtad

Los clientes son más propensos a confiar en un vendedor que muestra interés genuino en sus necesidades. Cuando las personas se sienten respetadas y valoradas, no solo compran un producto, sino que invierten en una relación. Esto se traduce en negocios recurrentes y referencias positivas.

Te diferencia en un mercado competitivo

La autenticidad te ayuda a destacar en un mar de vendedores. Ser transparente, honesto y empático en un mercado competitivo te permite diferenciarte. Las personas recuerdan a los vendedores que se preocupan, escuchan y priorizan sus intereses.

Sostiene el éxito a largo plazo

La autenticidad no es solo una estrategia a corto plazo, es una inversión a largo plazo. Construir una reputación de honestidad e integridad brinda beneficios más allá de los números de ventas inmediatos. Abre la puerta a conexiones significativas, asociaciones y oportunidades que las tácticas manipulativas nunca lograrán.

Estrategias para una venta ética

Para evitar la manipulación emocional y mantenerte fiel a la autenticidad, aquí tienes algunas estrategias que puedes incorporar en tu enfoque de ventas:

1. Practica la escucha activa

La escucha activa implica involucrarte plenamente con tu cliente, hacer preguntas abiertas y responder con empatía. Esto te permite comprender mejor sus necesidades y ofrecer la mejor solución. Además, muestra que los valoras como individuos, no solo como compradores potenciales.

2. Ofrece información clara y honesta

Sé transparente sobre las características, beneficios y limitaciones de tu producto. Si un cliente plantea una objeción o inquietud, abórdala con sinceridad en lugar de evadirla. Los clientes aprecian la honestidad, incluso cuando no se traduce en una venta inmediata.

Las ventas consultivas son un pilar para una carrera en ventas fructífera y duradera.

3. Lidera con empatía

Trata de ponerte en el lugar del cliente. Comprende sus puntos de dolor y aspiraciones, y presenta tu producto o servicio como una solución a sus desafíos específicos. Este enfoque empático genera confianza y te posiciona como un socio en su camino, en lugar de un vendedor insistente.

4. Pregunta, no asumas

Evita hacer suposiciones sobre lo que el cliente quiere o siente. En su lugar, haz preguntas aclaratorias para conocer sus necesidades, deseos y preocupaciones. Esto ayuda a crear una experiencia personalizada que se alinea con sus expectativas.

5. Mantén la integridad profesional

Comprométete con estándares éticos en cada venta que realices. Evita tácticas como exagerar los beneficios, ocultar desventajas o utilizar disparadores emocionales para forzar una venta.

Mantener tu integridad asegura que ganes la confianza del cliente.

El rol de la inteligencia emocional

La inteligencia emocional (IE) desempeña un papel fundamental en la venta ética. La IE se refiere a la capacidad de reconocer y gestionar tus propias emociones, al mismo tiempo que te sintonizas con los sentimientos de los demás. Es la base de las interacciones de ventas auténticas.

Cuando eres emocionalmente inteligente, es más probable que te acerques a los clientes con empatía, entiendas sus perspectivas y respondas de una manera que respete sus sentimientos. Esto crea una experiencia emocional positiva tanto para ti como para el cliente, generando relaciones genuinas en lugar de simples transacciones.

El enfoque de Daniel Goleman (ver nota) sobre la inteligencia emocional ofrece ideas valiosas para la venta emocional, una estrategia que aprovecha la comprensión de las emociones para mejorar la efectividad en ventas. Goleman identifica componentes clave de la inteligencia emocional, como la autoconciencia, la autorregulación, la empatía y las habilidades sociales, todos ellos esenciales en el proceso de ventas.

En la venta emocional, la autoconciencia permite a los profesionales de ventas comprender sus emociones y cómo pueden influir en las interacciones con los clientes. Al practicar la autorregulación, pueden gestionar sus respuestas emocionales, manteniéndose tranquilos y serenos incluso en situaciones de alta presión.

La empatía es crucial, ya que permite a los vendedores conectar más profundamente con los clientes y comprender sus necesidades, deseos y puntos de dolor. Esta conexión fomenta la confianza y el entendimiento, haciendo que los clientes se sientan valorados y comprendidos.

Además, como describe Goleman, las habilidades sociales ayudan a los profesionales de ventas a comunicarse de manera efectiva, navegar dinámicas interpersonales complejas y construir relaciones duraderas.

Al aplicar el principio de inteligencia emocional de Goleman, los vendedores pueden crear una experiencia de ventas más atractiva, auténtica y receptiva, aumentando la satisfacción y lealtad del cliente. La venta emocional, basada en la EQ empodera a los profesionales de ventas no solo para alcanzar sus objetivos, sino para cultivar conexiones significativas que impulsan el éxito a largo plazo.

*Aprende más sobre Daniel Goleman a través de su libro de 1995 «Inteligencia emocional: por qué puede importar más que el coeficiente intelectual».

La autenticidad es un Win-Win

Muchos nuevos profesionales de ventas creen que la autenticidad puede hacerlos vulnerables o menos persuasivos. En realidad, lo contrario es cierto.

La autenticidad no se trata de ser excesivamente sentimental o de revelar todos tus defectos; se trata de mostrar una preocupación genuina por las necesidades del cliente y actuar con integridad.

Cuando abordas las ventas con autenticidad:

- **Construyes confianza:** Los clientes tienen más probabilidades de confiar y comprar de alguien que creen que es honesto y sincero.

- **Reduces el estrés:** Ser auténtico significa que no estás constantemente tratando de recordar qué historia inventaste o qué afirmación exagerada hiciste. Puedes relajarte y concentrarte en ayudar a tus clientes.

- **Creas un valor real:** Las interacciones auténticas conducen a intercambios significativos en los que el cliente se siente escuchado y valorado. Esto contribuye a relaciones más fuertes con los clientes y a una mayor lealtad.

El equilibrio entre la influencia y la manipulación

Es importante señalar que la influencia en las ventas no es inherentemente negativa. La persuasión puede ser ética si se realiza con la intención de ayudar al cliente a tomar la mejor decisión para sus necesidades.

La distinción clave entre influencia y manipulación radica en la intención y la transparencia. La influencia permite que los clientes tomen decisiones informadas que se alineen con sus valores y deseos. Al mismo tiempo, la manipulación busca controlar o coaccionar a los clientes hacia decisiones que principalmente beneficien al vendedor.

La "influencia ética" implica un sentido de asociación con el cliente. Se trata de escuchar activamente sus necesidades, ofrecer información clara y guiarlos para ayudarlos a llegar a sus conclusiones.

Por ejemplo, si un cliente está indeciso entre dos productos similares, un vendedor que utiliza influencia ética podría proporcionar un análisis comparativo, destacando los pros y los contras en función de las prioridades del cliente.

Podría hacer preguntas abiertas como: "¿Qué características son más importantes para ti?" o "¿Qué desafíos estás buscando resolver?" Este enfoque está basado en el respeto, la transparencia y un interés genuino por el bienestar del cliente. Por otro lado, la manipulación a menudo implica ocultar hechos clave, exagerar beneficios o aprovechar emociones como el miedo, la urgencia o la inseguridad.

Las tácticas manipulativas pueden variar desde fabricar ofertas por tiempo limitado para crear una falsa urgencia hasta usar un lenguaje basado en el miedo para hacer que los clientes sientan que su elección no es lo suficientemente buena. Aunque estas tácticas puedan generar ventas inmediatas, socavan la confianza, que es fundamental para el éxito a largo plazo en las ventas. La manipulación se enfoca en explotar debilidades en lugar de construir un entendimiento mutuo.

Los profesionales de ventas éticos entienden que la influencia nunca debe significar coacción. Saben que los clientes aprecian ser apoyados para tomar decisiones, en lugar de ser forzados a ellas. Este enfoque fortalece las relaciones y fomenta la lealtad, ya que los clientes son más propensos a confiar y regresar a alguien que respeta su autonomía.

Para mantenerse alineado con la influencia ética, es útil adoptar una simple pregunta de autocontrol: "¿Estoy ayudando al cliente a tomar una decisión que le beneficia, o lo estoy empujando hacia una decisión que me beneficia a mí?"

Este control interno te permite evaluar tus acciones y motivaciones. Cuando tu intención está enfocada en el cliente, es más probable que te comuniques de manera transparente, evitando tácticas que presionen o engañen. Esta perspectiva también te ayuda a mantenerte anclado en la autenticidad mientras construyes confianza y aportas un valor real a tus interacciones con los clientes.

Cuando los clientes sienten que tienes en cuenta sus mejores intereses, no solo están comprando un producto, sino que están comprando confianza en su decisión y confianza en ti como su asesor. Al enfocarte en la influencia ética, creas un entorno donde los clientes se sienten apoyados en lugar de presionados, lo que finalmente lleva a relaciones más fuertes y a un éxito más sostenible.

Recuerda: cuando está fundamentada en la integridad, la influencia te permite guiar a tus clientes hacia el mejor resultado posible, honrando su autonomía y dignidad. En cambio, la manipulación busca solo victorias a corto plazo a costa de las relaciones a largo plazo. La elección entre estos dos enfoques define tus resultados de ventas, la reputación que construyes y el legado que dejas en tu carrera.

Conclusión: Construyendo un Legado de Integridad

Las ventas pueden ser una de las carreras más gratificantes si se abordan con la mentalidad adecuada. La inteligencia emocional y la comunicación auténtica son herramientas poderosas, pero con estas herramientas viene la responsabilidad de actuar de manera ética. Como nuevo profesional de ventas, puedes moldear tu carrera y tu reputación basándote en la integridad y la confianza.

En un mundo donde la manipulación emocional puede empañar rápidamente la imagen de una marca o la credibilidad de un vendedor, mantenerse firme en la autenticidad es crucial. Tu éxito dependerá, en última instancia, de cuántas ventas realices, de las relaciones que construyas y de la reputación que cultives.

Aborda cada venta con empatía, practica la escucha activa y da prioridad a las necesidades del cliente por encima de las ganancias inmediatas. Al hacerlo, crearás un valor genuino, fomentarás la confianza y forjarás una carrera de ventas exitosa basada en la autenticidad y la ética, en lugar de en la manipulación.

Recuerda: Vender de manera ética es lo correcto y lo inteligente para el éxito a largo plazo.

Emociones en la era de la IA

La Inteligencia Artificial (IA) ha transformado en muy poco tiempo las industrias, sobretodo sus comunicaciones, con los clientes.

La IA y sus plataformas de generación de texto GPT han remodelado la forma en que las empresas interactúan con los clientes e interpretan sus palabras. Sin embargo, esta interacción entre la comprensión y respuesta generada con las emociones humanas ha sido desafiante.

Los primeros sistemas de IA eran principalmente basados en reglas de tres y orientados a tareas, diseñados para manejar tareas estructuradas en lugar de comprender las sutilezas de la emoción humana. Eran utiles en procesar números, reconocer patrones y ejecutar comandos, pero las emociones estaban fuera de su alcance, siéndonosla un parámetro no matemático. Esta limitación afectó la efectividad de la IA en ventas y mercadotecnia, donde la empatía, la comprensión emocional y la conciencia contextual son esenciales.

Por ejemplo, los primeros chatbots de IA luchaban por ir más allá de respuestas guionizadas, lo que los hacía parecer robóticos y distantes. Si un cliente expresaba frustración o decepción, estos chatbots a menudo no lograban ofrecer una respuesta reconfortante o empática.

La incapacidad de distinguir entre un tono feliz, enojado o confundido dejó a los primeros sistemas de IA mal preparados para proporcionar soluciones emocionalmente relevantes. Esto a menudo resultaba en malentendidos o interacciones insatisfactorias, lo que conducía a una pérdida de confianza en el servicio al cliente impulsado por IA.

La razón principal de esta limitación era que las emociones humanas son complejas, variadas y profundamente contextuales.

Simplemente programar respuestas basadas en palabras clave no es suficiente. A diferencia de los sistemas binarios de tratamiento de datos, las emociones están influenciadas por el contexto, el tono, el lenguaje corporal y las señales sutiles que los primeros sistemas de IA no podían descifrar.

Esta brecha inicial subrayó la importancia de la inteligencia emocional, una cualidad que la IA carecía enormemente en sus primeros años.about the Human-AI Interaction

La integración de herramientas de IA en ventas y servicio al cliente cambió la dinámica de la interacción entre humanos e IA. A medida que el rol de la IA se expandía, surgieron preocupaciones sobre la confianza y la autenticidad en estas interacciones. Los profesionales de ventas comenzaron a depender de la IA para recopilar datos, analizar el comportamiento de los clientes y predecir sus necesidades.

Si bien esto aumentó la eficiencia, creó al mismo tiempo nuevos desafíos relacionados con la confiabilidad y la resonancia emocional.

Las ventas no se tratan solo de información; se trata de crear conexiones. Cuando los vendedores comenzaron a incorporar la IA en sus flujos de trabajo, surgieron preguntas sobre el impacto en las relaciones con los clientes.

¿Podría la IA comprender realmente las preocupaciones o la emoción de un cliente?

¿La dependencia de los datos de la IA llevaría a los vendedores a perder su toque personal y autenticidad?

Uno de los principales desafíos fue el cambio de tomar decisiones basadas en el instinto a hacerlo con datos. Si bien la IA podría proporcionar información valiosa, los profesionales de ventas temían que una dependencia excesiva de los datos pudiera llevar a interacciones carentes de empatía.

La IA podría identificar los intereses de un prospecto a partir del historial de navegación, pero no podía captar las dudas o preocupaciones que un prospecto podría expresar durante una conversación cara a cara. Esta limitación generó una discusión más amplia sobre los límites emocionales entre los humanos y la IA, lo que impulsó a la industria a buscar un equilibrio entre la tecnología y la conexión humana.

Resonancia Emocional en el Marketing

En los primeros días del marketing impulsado por IA, las empresas intentaron utilizar la IA para crear campañas que resonaran con las emociones de los clientes. Los sistemas impulsados por IA podían analizar grandes conjuntos de datos, rastrear el comportamiento en línea y segmentar a los clientes según sus preferencias e historial de compras. La idea era aprovechar estos conocimientos para crear mensajes personalizados que tocasen una fibra emocional.

Sin embargo, el camino no estuvo exento de dificultades. Los vendedores inicialmente creían que si la IA podía segmentar audiencias y entregar mensajes dirigidos, podría automáticamente fomentar conexiones emocionales. Esta suposición resultó ser demasiado simplista.

Si bien los anuncios impulsados por IA podían recomendar productos en función de compras pasadas, a menudo pasaban por alto los desencadenantes emocionales más profundos que impulsan a una persona a actuar.

Por ejemplo, las campañas de correo electrónico generadas por IA podrían enviar contenido similar a todos los clientes dentro de un grupo demográfico determinado, ignorando factores emocionales sutiles como el estado de ánimo o las interacciones pasadas del cliente con la marca.

Un cliente que recientemente experimentó un mal servicio podría recibir el mismo correo electrónico promocional alegre que un cliente feliz y satisfecho, lo que llevaría a una experiencia insensible y potencialmente a la alienación.

Estos fracasos pusieron de manifiesto la brecha entre la personalización y la resonancia emocional genuina, lo que impulsó a la industria a repensar cómo las estrategias de marketing impulsadas por IA podrían captar mejor y atender las emociones.

Con el tiempo, los vendedores comenzaron a perfeccionar sus enfoques, utilizando la IA para segmentar audiencias y crear mensajes dinámicos basados en emociones.

Esta evolución dio lugar a herramientas más sofisticadas capaces de realizar análisis de sentimiento en tiempo real, lo que permitió a las empresas adaptar el contenido según el estado de ánimo y la retroalimentación del cliente. Pero, incluso a medida que las capacidades de la IA mejoraban, la autenticidad seguía siendo central: ¿podría una máquina alguna vez comprender y replicar verdaderamente la experiencia emocional humana?

Ventajas de utilizar la IA como herramienta de ventas

Un profesional de ventas puede aprovechar la IA Generativa, como ChatGPT, Google Gemini u otras, como una herramienta poderosa para descubrir nuevas oportunidades de negocio de diversas maneras.

En primer lugar, los GPTs pueden ayudar a analizar las tendencias del mercado procesando grandes cantidades de datos, noticias y actualizaciones de la industria para identificar necesidades emergentes o vacíos en el mercado. Esto puede ser útil para detectar productos o servicios potenciales que introducir, basados en la demanda de los clientes o los movimientos de los competidores.

Estos resultados se pueden agregar a la búsqueda en LinkedIn para identificar a los actores clave en una industria específica, en un mercado especifico, lo que conduce a una conexión y consiguientes conversaciones. Esta estrategia puede ahorrar tiempo en búsqueda, análisis y llamadas en frío y mejorar los resultados más rápidamente.

Además, las herramientas de IA pueden ayudar en el análisis de clientes proporcionando información sobre comentarios, reseñas y preferencias de los clientes, lo que permite a los profesionales de ventas personalizar sus ofertas y presentaciones.

Al comprender los puntos de dolor comunes y las soluciones deseadas, los GPTs pueden ayudar a elaborar enfoques personalizados que resuenen de manera más efectiva con los clientes potenciales.

ChatGPT también es valioso para generar ideas sobre estrategias de ventas y para la creación de campañas de divulgación. Puede sugerir ideas de contenido, plantillas de correo electrónico y estrategias relevantes en redes sociales para el público objetivo, ahorrando tiempo mientras maximiza el impacto.

Finalmente, la IA puede realizar una investigación preliminar sobre clientes potenciales o industrias, reuniendo información de fondo esencial que un profesional de ventas puede utilizar para crear presentaciones informadas y convincentes. Al combinar estos conocimientos, los profesionales de ventas pueden posicionarse estratégicamente y aprovechar nuevas oportunidades en un mercado que cambia rápidamente.

Humanos o/con robots

A medida que la IA se vuelve más sofisticada, las empresas enfrentan el desafío de equilibrar la automatización con la necesidad de conexiones personales y humanas. Los sistemas impulsados por IA pueden manejar tareas repetitivas, analizar el sentimiento del cliente y proporcionar recomendaciones basadas en datos, lo que permite a los profesionales de ventas centrarse en interacciones más complejas.

Sin embargo, la automatización también corre el riesgo de eliminar el toque humano, que es esencial para construir confianza y conexión.

Las ventas son, fundamentalmente, un campo basado en relaciones. Incluso con los avances en IA, los clientes siguen valorando la autenticidad y la empatía que solo un ser humano puede proporcionar. Cuando gran parte del proceso de ventas se automatiza, puede sentirse impersonal y mecánico.

La IA puede programar eficientemente reuniones, organizar agendas, generar correos electrónicos de seguimiento perfectamente redactados o recomendar oportunidades de venta adicional. Sin embargo, no puede ofrecer una palabra reconfortante a un comprador indeciso ni celebrar genuinamente el éxito de un cliente.

El toque humano sigue y continuará siendo insustituible debido a su adaptabilidad emocional. Los profesionales de ventas pueden leer el lenguaje corporal, evaluar el tono y responder a preocupaciones no expresadas—algo con lo que la IA, a pesar de sus avances, todavía tiene dificultades.

Si bien la IA puede ofrecer perspectivas predictivas y automatizar tareas mundanas, el desafío consiste en garantizar que estas herramientas acentúen en lugar de reemplazar las conexiones humanas. Las empresas exitosas se centran en integrar la IA para apoyar y amplificar la interacción humana en lugar de opacarla.

Casos de estudio

Para entender el impacto real de la IA en las emociones en ventas y marketing, examinemos algunos casos de estudio tempranos:

1. El auge de los chatbots con seguimiento emocional

A principios de la década de 2010, varias empresas experimentaron con chatbots capaces de rastrear y responder al sentimiento del cliente.

Por ejemplo, empresas como Affectiva e IBM Watson se asociaron con negocios para implementar chatbots que pudieran analizar expresiones faciales, tonos de voz y lenguaje escrito en busca de señales emocionales.

Estos chatbots tenían como objetivo ajustar sus respuestas según el sentimiento detectado, ofreciendo interacciones más personalizadas y empáticas.

Sin embargo, las versiones iniciales recibieron críticas debido a su comprensión emocional limitada. La interpretación incorrecta de las emociones a menudo llevaba a respuestas inapropiadas, como mostrar entusiasmo a un cliente frustrado. Estos desafíos revelaron las limitaciones de la IA temprana para captar y responder con precisión a las emociones.

2. Campañas publicitarias impulsadas por IA

En 2016, Coca-Cola lanzó una campaña impulsada por IA que utilizaba IBM Watson para analizar datos de redes sociales y crear anuncios personalizados. El objetivo era generar contenido que resonara emocionalmente con diferentes segmentos de audiencia. Aunque la campaña logró cierto éxito al dirigirse a demografías específicas, también enfrentó críticas por depender demasiado de suposiciones basadas en datos.

Algunos clientes criticaron la campaña por falta de autenticidad. Los mensajes parecían genéricos a pesar de haber sido personalizados por la IA, y la campaña demostró dificultades para traducir los datos en contenido emocionalmente resonante sin el toque humano.

3. Análisis de sentimiento en servicios financieros

Los bancos y las instituciones financieras fueron de los primeros en adoptar herramientas de análisis de sentimiento para medir la satisfacción del cliente y predecir las tasas de deserción.

Los sistemas de IA analizaban las transcripciones de centros de llamadas e interacciones en redes sociales para detectar cambios en el sentimiento del cliente. Aunque esto ayudaba a los bancos a identificar clientes insatisfechos, la naturaleza automatizada de estos sistemas a veces pasaba por alto matices, como el sarcasmo o el humor, que podrían alterar el significado original de las palabras de un cliente.

Estos casos de estudio ilustran los desafíos iniciales de usar la IA para captar y responder a las emociones, destacando la necesidad de una mejora continua y supervisión humana.

Evolución en la comprehensión de las emociones de la IA

A medida que la tecnología de la IA avanzaba, también lo hacía nuestra comprensión de la comprehension de las emociones y su tratamiento con la inteligencia emocional. Inicialmente, las emociones se veían como subjetivas e impredecibles, cualidades incompatibles con la naturaleza estructurada y robotizada de la IA.

Sin embargo, a medida que los algoritmos de aprendizaje automático evolucionaron, comenzaron a procesar datos más complejos, como el tono de voz, las expresiones faciales y el sentimiento en el texto.

Esto llevó a un cambio en cómo se percibían las emociones dentro de los sistemas impulsados por IA. En lugar de ver las emociones como irracionales o secundarias, las empresas comenzaron a reconocer su importancia en las interacciones con los clientes y en la toma de decisiones.

La inteligencia emocional (IE) surgió como un concepto crítico, destacando la capacidad de entender, gestionar y responder a las emociones de manera efectiva.

Los sistemas de IA se entrenaron cada vez más para detectar emociones en tiempo real, utilizando técnicas como el procesamiento del lenguaje natural (PLN) y la visión por computadora.

Las herramientas de análisis de emociones se volvieron más sofisticadas, capaces de identificar sutiles cambios en el lenguaje que indicaban variaciones en el estado de ánimo o actitud. Esta comprensión en evolución de las emociones impulsó a los desarrolladores de IA a ir más allá del simple análisis basado en palabras clave y hacia modelos emocionales más completos.

Un avance significativo fue el desarrollo de modelos de IA que podían detectar y responder a las emociones de manera contextual.

En lugar de depender únicamente de señales aisladas, estos modelos analizaban una combinación de tono, tiempo y contenido para crear una imagen más precisa del estado emocional del usuario. Este avance mejoró la capacidad de la IA para interactuar con los clientes de una manera más natural y empática.

El viaje de la IA hacia la comprensión y respuesta a las emociones humanas ha evolucionado gradualmente. Desde sus primeras limitaciones en inteligencia emocional hasta su creciente papel en ventas y marketing, la relación de la IA con las emociones humanas ha recorrido un largo camino. Aunque los primeros intentos de integrar la inteligencia emocional en los sistemas de IA a menudo no lograron su objetivo, los avances en el aprendizaje automático y el procesamiento del lenguaje natural han abierto nuevas posibilidades para crear interacciones más empáticas y auténticas.

No obstante, el auge de la IA también trae consigo preguntas críticas sobre el papel de las emociones humanas en un mundo cada vez más automatizado. A medida que la IA continúa refinando su capacidad para analizar y responder a las emociones, los profesionales de ventas deben navegar por la delgada línea entre aprovechar la tecnología y mantener la autenticidad que los clientes buscan.

« *El futuro de las ventas y el marketing dependerá de encontrar el equilibrio adecuado entre la automatización y el toque humano, entre los conocimientos impulsados por los datos y las conexiones emocionales genuinas.* »

En última instancia, el éxito de la IA en el ámbito emocional dependerá de su capacidad para apoyar en lugar de reemplazar las relaciones humanas. Si bien la IA puede proporcionar herramientas y conocimientos valiosos, el poder de la empatía, la comprensión y la confianza sigue siendo exclusivamente humano.

Al aprovechar las fortalezas de la IA y la conexión humana, las empresas pueden crear experiencias emocionalmente resonantes que impulsen las ventas y las relaciones significativas.

Las emociones seguirán siendo un elemento central en las ventas y el marketing en la era de la IA, pero cómo las empresas entienden y aprovechan estas emociones está evolucionando rápidamente. Mientras la IA sigue avanzando en su capacidad para detectar y responder a las señales emocionales, el valor radica en el trabajo en equipo entre la intuición humana y la innovación tecnológica.

De cara al futuro, el reto es enseñar a la IA a imitar la empatía y aprovecharla para mejorar las conexiones emocionales genuinas entre marcas y clientes.

Navegando el futuro de la IA y la IE

A medida que las capacidades emocionales de la IA mejoran, las organizaciones deben considerar las implicaciones éticas de usar datos emocionales. Las empresas que dependen en gran medida de los conocimientos emocionales para marketing y ventas deben asegurarse de que estos conocimientos se utilicen de manera responsable, evitando tácticas que manipulen o exploten a los clientes.

La transparencia en la forma en que la IA recopila y utiliza los datos emocionales es crucial para mantener la confianza. Los clientes quieren sentirse comprendidos, no vigilados, y la línea entre el servicio personalizado y el comportamiento intrusivo a veces puede difuminarse con las herramientas avanzadas de IA.

Los profesionales de ventas y los especialistas en marketing deben estar al tanto de estos límites, utilizando los conocimientos de la IA para apoyar relaciones auténticas con los clientes en lugar de reemplazarlas. Esto implica un cambio de perspectiva, de ver la IA como un reemplazo emocional a verla como una herramienta complementaria que amplifica las capacidades humanas.

La IA puede ayudar a los equipos de ventas a rastrear el sentimiento del cliente, refinar los mensajes y predecir necesidades, pero, en última instancia, debe empoderar a los profesionales para ofrecer interacciones personalizadas y empáticas, usándosela la IE.

Adaptándose a las expectativas de los clientes

A medida que los clientes se acostumbran más a las interacciones con IA, sus expectativas también cambian. Los consumidores de hoy esperan experiencias personalizadas y sin interrupciones en múltiples canales. Quieren que las empresas anticipen sus necesidades sin ser intrusivas, y cada vez valoran más la autenticidad en las comunicaciones de las marcas.

Esto significa que el papel de la IA se centra en la eficiencia, precisión, IE y adaptabilidad.

De cara al futuro, las empresas deben centrarse en crear sistemas de IA que comprendan el sentimiento del cliente y se adapten a los estados emocionales cambiantes en tiempo real.

Imagina un futuro donde las herramientas de IA no solo recomienden productos, sino que ofrezcan proactivamente empatía y apoyo en función de las emociones detectadas.

Por ejemplo, un sistema impulsado por IA en un chat de atención al cliente podría detectar frustración y automáticamente elevar el problema a un representante humano que pueda proporcionar una solución personalizada.

Capacitando a los equipos de ventas del mañana

Este panorama en evolución subraya la importancia de desarrollar inteligencia emocional junto con la competencia tecnológica para los profesionales de ventas. Los equipos de ventas del futuro deben ser hábiles en interpretar los conocimientos proporcionados por la IA y combinarlos con su empatía e intuición. Esto implica un entrenamiento continuo en aspectos técnicos y de relaciones interpersonales en ventas: comprender cómo funcionan las herramientas de IA y saber cuándo intervenir con el toque humano.

Incorporar formación en inteligencia emocional en los currículos de ventas y marketing puede ayudar a los profesionales a navegar mejor por este nuevo terreno. Aprender a aprovechar la IA sin perder de vista el elemento humano será fundamental para construir relaciones duraderas con los clientes.

Los vendedores más exitosos serán aquellos que puedan combinar los conocimientos analíticos con una empatía auténtica, utilizando la IA como una extensión de sus habilidades naturales en lugar de un sustituto.

Abrazando un futuro colaborativo

El futuro de las emociones en la era de la IA no trata de elegir entre tecnología y humanidad, sino de encontrar el equilibrio óptimo entre la IA y la IE.

A medida que la IA se desarrolla, su papel en las interacciones emocionales se expandirá, pero su efectividad seguirá dependiendo de cuán bien complemente los esfuerzos humanos. Al adoptar un enfoque colaborativo, donde la IA maneja los conocimientos basados en datos y la automatización, y los humanos brindan empatía y creatividad, las empresas pueden crear experiencias más significativas y emocionalmente resonantes.

En última instancia, el mayor potencial de la IA radica en su capacidad para mejorar las interacciones humanas, en lugar de reemplazarlas.

Al combinar el poder de la IA con el valor irreemplazable de la conexión genuina humana, las empresas pueden crear un panorama de ventas y marketing que comprenda las emociones de los clientes y las respete y valore.

En la era de la IA, las emociones humanas no son solo una clave para las ventas, sino que son la base de la confianza, la lealtad y las relaciones significativas que resisten la prueba del tiempo.

Entender la IA como un apoyo para el crecimiento es importante, pero entender el toque humano es crucial e irremplazable.

La última palabra

Al llegar al último capítulo de este recorrido sobre el papel de las emociones en las ventas, reflexionemos sobre las lecciones clave aprendidas y cómo aplicarlas a tu carrera en ventas.

Cada capítulo ha sido un peldaño hacia una comprensión más integral de la inteligencia emocional, la psicología del comprador y las prácticas éticas, adaptado al oficio de representante de ventas.

Este último capítulo tiene como objetivo reunir estas ideas en una síntesis y ofrecer consejos prácticos sobre cómo gestionar las emociones para crear relaciones de ventas significativas y productivas.

1. Inteligencia Emocional (IE): La Base del Éxito

El viaje comenzó con la comprensión de la "Inteligencia Emocional (IE)" y su papel vital en las ventas. Exploramos cómo la autoconciencia, la empatía y la regulación emocional forman la base de la IE.

Estos elementos no solo te ayudan a comprenderte a ti mismo, sino que también te permiten navegar las emociones complejas de los compradores. La lección clave aquí es desarrollar y refinar continuamente tu IE.

Realiza una reflexión activa, busca retroalimentación y sé consciente de tus respuestas emocionales en diversas situaciones. Recuerda, cuanto más emocionalmente inteligente seas, mejor gestionarás las interacciones y construirás conexiones significativas.

Consejo profesional: Practica técnicas de mindfulness y escritura reflexiva para mantenerte consciente de tus emociones y su impacto en tus decisiones y acciones. Tu capacidad para regular tus emociones está directamente vinculada a cuán exitosamente puedas manejar situaciones estresantes e inesperadas en ventas.

2. Comprensión de las emociones del comprador: El corazón de la conexión

Profundizamos en la naturaleza intrincada de las "emociones del comprador", enfatizando la necesidad de reconocer los impulsores emocionales detrás de las decisiones de compra.

Comprender que cada cliente aporta emociones únicas al proceso de compra te permite adaptar tu enfoque y construir conexiones más fuertes. Reconocer y abordar estas emociones de manera auténtica, desde la emoción hasta el miedo y la duda, te distinguirá como un asesor confiable, no solo como un vendedor.

Consejo profesional: Al interactuar con prospectos, da prioridad a la escucha activa. Haz preguntas abiertas para entender lo que quieren y por qué lo quieren. Al hacerlo, no solo estás vendiendo un producto, sino alineándote con su viaje emocional y atendiendo sus necesidades.

3. Establece un clima de confianza

La confianza es la columna vertebral de toda relación exitosa, y en ventas, es crucial para construir rapport y confianza. El vínculo emocional que establezcas con un prospecto puede hacer o romper el trato. Exploramos el poder de la consistencia, la transparencia y el interés genuino en fomentar esta confianza. La autenticidad es clave: ser genuino construye confianza y crea un entorno más relajado y abierto para tus interacciones.

Consejo profesional: Practica la autenticidad en todas tus interacciones. Cuando realmente te importa el bienestar de tus clientes, se nota. La confianza lleva tiempo para construirse, pero el esfuerzo da sus frutos de manera exponencial en relaciones a largo plazo y negocios repetidos.

4. El ciclo emocional de las ventas: Disfrutando de los altibajos

Las ventas son una montaña rusa emocional, y examinamos el "Ciclo Emocional de las Ventas" para entender los picos de emoción y las inevitables caídas de duda. Reconocer estas etapas te ayuda a prepararte mentalmente y a evitar sentirte abrumado por contratiempos temporales. Al aceptar que las altas y bajas son parte del proceso, te resultará más fácil mantenerte resiliente y concentrado en el objetivo final.

Consejo profesional:

- Abraza los momentos altos y aprende de los bajos.

- Desarrolla resiliencia enfocándote en la visión a largo plazo y entendiendo que cada "no" te acerca a un "sí".

- Celebra las pequeñas victorias y mantente proactivo frente a los desafíos.

5. Manejo de rechazos y resiliencia: Recuperarse más fuerte

El rechazo es parte de las ventas, y cómo lo manejas define tu resiliencia. Hablamos sobre estrategias para manejar el rechazo y construir resiliencia, enfatizando la importancia de separar el rechazo del valor personal. Puedes construir resiliencia y mantenerte motivado en la adversidad si encuadras los rechazos como oportunidades para crecer y refinar tu enfoque.

Consejo profesional: No internalices el rechazo. En lugar de eso, míralo como retroalimentación y una oportunidad para mejorar. Cuando enfrentes contratiempos, tómate un tiempo para reflexionar, recalibrar y volver a tu misión con energía renovada.

6. El poder del *Storytelling*

Los humanos están programados para responder a las historias. La narración conecta los hechos con las emociones, haciendo que tu mensaje sea más memorable y persuasivo. Al crear historias que resuenen con las emociones de tu audiencia, creas un puente emocional que transforma características y beneficios en experiencias relatables.

Consejo profesional:

- Desarrolla algunas historias clave que ilustren el impacto de tu producto.
- Asegúrate de que estas historias sean auténticas y estén alineadas con las emociones de tu audiencia.
- Usa la narración no solo para informar, sino para inspirar acción.

7. Crear un entorno emocionalmente positivo: motivar e inspirar a tu equipo

Un equipo de ventas prospera en un entorno emocional positivo que fomente la colaboración, motivación y productividad. Exploramos el impacto de las emociones positivas en la moral del equipo y el desempeño individual, enfatizando la importancia de un liderazgo empático y la comunicación abierta.

Consejo profesional: Enfócate en crear una cultura de reconocimiento y apoyo. Celebra los éxitos, reconoce los esfuerzos y mantén la apertura a la retroalimentación. Los entornos emocionalmente positivos se construyen mediante apreciación genuina y confianza mutua.

8. Venta ética o manipulación emocional: La autenticidad importa

La línea entre influencia ética y manipulación emocional ha sido un foco crítico a lo largo de este viaje. La venta ética se trata de ser transparente, auténtico y centrado en el cliente, mientras que la manipulación es egoísta y a menudo involucra el engaño. Al mantenerte fiel a las prácticas éticas, aseguras que tu influencia emocional sea una fuerza para el bien.

Consejo profesional: Realiza autoevaluaciones regulares preguntándote si tus acciones benefician al cliente o sirven principalmente a tus propios intereses. Mantente honesto y transparente en todas tus negociaciones, y cultivarás confianza duradera.

9. Emociones durante la era de la IA: Abrazar la tecnología con humanidad

Finalmente, abordamos el papel evolutivo de la IA en la comprensión y aprovechamiento de las emociones. Las herramientas de IA ofrecen nuevas oportunidades para mejorar los procesos de ventas a medida que se vuelven más avanzadas. Sin embargo, enfatizamos la importancia de mantener el toque humano en medio de los avances tecnológicos. La IA puede proporcionar información y apoyo, pero las conexiones humanas genuinas siguen siendo insustituibles.

Consejo profesional: Adopta la IA como una herramienta para mejorar tu inteligencia emocional en lugar de reemplazarla. Usa los conocimientos basados en datos para informar tu enfoque, pero confía en tu intuición y empatía para conectar con tus clientes de manera auténtica.

Conclusión: Dominando las emociones para el éxito en ventas

Las emociones están en el corazón de cada interacción de ventas. Influyen en el proceso de toma de decisiones del comprador y en tu capacidad para conectar, generar confianza y crear relaciones duraderas. Puedes sobresalir en el panorama de ventas evolutivo dominando la inteligencia emocional, comprendiendo las emociones del comprador y equilibrando la autenticidad con la tecnología.

Para tener éxito en ventas, abraza los siguientes principios guía:

- Sé autoconsciente: Conoce tus desencadenantes emocionales y cómo afectan tus interacciones. Practica la autorregulación para mantenerte tranquilo y enfocado en situaciones de alta presión.

- Practica la empatía: Haz un esfuerzo consciente por comprender las emociones y motivaciones de tu cliente. La empatía genera confianza y demuestra que realmente te importan sus necesidades.

- Mantente auténtico: Siempre prioriza la transparencia y la honestidad. La autenticidad es la piedra angular de la confianza y las relaciones a largo plazo.

- Adáptate y evoluciona: Abraza la IA y otros avances tecnológicos, pero recuerda que ninguna máquina puede reemplazar el calor y la empatía de una conexión humana.

- Construye resiliencia: No dejes que los contratiempos te definan. Ve los desafíos como oportunidades para aprender, crecer y mantener una perspectiva a largo plazo.

- Mantente fiel a ti mismo y deja que tus valores definan tu marca. Di no cuando sea necesario y sí cuando esté alineado con tus intereses.

En este mundo en constante cambio, tu capacidad para gestionar las emociones—las tuyas y las de tus clientes—te destacará como un verdadero profesional de ventas. Al combinar la inteligencia emocional con prácticas éticas y aprovechar sabiamente la tecnología, tendrás las herramientas para alcanzar el éxito y crear un impacto significativo y duradero en la vida de tus clientes.

Abraza el viaje emocional, mantente fiel a tus valores y recuerda que las relaciones construidas sobre la confianza, la empatía y la autenticidad son la moneda más valiosa en el mundo de las ventas.

Gracias por leer este libro. Espero que te haya aportado ideas valiosas e inspiración. Si te ha gustado, te agradecería mucho si pudieras dejar una reseña en la plataforma donde lo compraste. Tu retroalimentación ayuda a que otros descubran el libro y apoya mi trabajo.

Bernat Riera

Anotaciones

www.ingramcontent.com/pod-product-compliance
Lightning Source LLC
Chambersburg PA
CBHW071413210526
45465CB00001B/362